ケース別でわかりやすい

定期借地権・借家権課税の実務

編著 税理士法人 細川総合パートナーズ

第一法規

はしがき

　父細川信義が生前に始めた TAX&LAW シリーズでの著書「借地・借家課税の実務と対策」から数えて、すでに27年間ご利用いただいております。
　細川信義が亡くなり、公認会計士細川信義事務所から税理士法人細川総合パートナーズに組織変更してから、早5年を超えました。
　昨年、定期借地権以外の部分を「ケース別でわかりやすい借地権課税の実務」として、単行本に刷新させていただき、さらに多くの皆様方に利用していただきやすくしました。
　今回は、それに続き、残りのもう一つ大きなパートの定期借地権について「ケース別でわかりやすい定期借地権・借家権課税の実務」を単行本化させていただきました。
　この2分冊で完成となります。

　定期借地権も制度化されて早25年、実務的にも一般的に採用され定着しております。
　しかし、すべての専門家が常に実務に携わっておられるものでもないため、皆様方に効率的にご利用いただけるように、ケース別にわかりやすく検索いただけるようにしています。

　「ケース別でわかりやすい借地権課税の実務」同様、「ケース別でわかりやすい定期借地権・借家権課税の実務」も事例を使って、それぞれ税制の取り扱いが異なる個人間（親族間・第三者間）、オーナーと法人間等々、想定されるケースごとにマトリックスを整理し、所得税、法人税、相続税にまたがる借地権、借家権の関連をまとめています。

　ご利用いただく皆様方に少しでもお役に立てることを願っております。

最後に、刷新の機会を提案してくださり、そのあとのフォローも万全にしてくださった第一法規株式会社の根本学様、宮城典子様をはじめ、完成に多大なるご支援をいただきました皆様に感謝申し上げます。

平成30年1月

税理士法人細川総合パートナーズ
代表社員　細川　正直

編集・執筆者一覧

編　集
税理士法人細川総合パートナーズ

執筆者

秋山　恵理		
今井　隆太		
大野　宗裕	（税理士）
岡本　公		
川瀬　しずか		
倉本　清		
小谷　利幸		
佐藤　修	（税理士）
玉城　祥啓	（税理士）
富永　達也	（社会保険労務士有資格者）
難波　武史	（（公社）日本証券アナリスト協会検定会員，日本ＦＰ協会認定ＡＦＰ）
古田　尚央	（社会保険労務士）
細川　明子	（公認会計士・税理士）
細川　正直	（公認会計士・税理士）
本田　沙織	（税理士）
松林　佐和		
三島　瞬		
三原　茂	（税理士（現　三原茂税理士事務所所長）
山本　幸子	（税理士）
渡辺　貴聴		

（五十音順　平成30年1月現在）

凡　例

法令等の略称

本文中の法令等は正式名称及び略称を使用しています。
本書に引用されている法令等の略称は次のとおりです。

法　　令	略　　称
所得税法（昭和40年法律第33号）	所法
所得税法施行令（昭和40年政令第96号）	所令
所得税法施行規則（昭和40年大蔵省令第11号）	所規
法人税法（昭和40年法律第34号）	法法
法人税法施行令（昭和40年政令第97号）	法令
法人税法施行規則（昭和40年大蔵省令第12号）	法規
相続税法（昭和25年法律第73号）	相法
相続税法施行令（昭和25年政令第71号）	相令
相続税法施行規則（昭和25年大蔵省令第17号）	相規
地価税法（平成3年法律第69号）	地価法
地価税法施行令（平成3年政令第174号）	地価令
地価税法施行規則（平成3年大蔵省令第31号）	地価規
租税特別措置法（昭和32年法律第26号）	措法
租税特別措価法施行令（昭和32年政令第43号）	措令
租税特別措価法施行規則（昭和32年大蔵省令第15号）	措規
地方税法（昭和25年法律第226号）	地法
地方税法施行令（昭和25年政令第245号）	地令
地方税法施行規則（昭和29年総理府令第23号）	地規
民法（明治29年法律第89号）	民法
〔旧〕建物保護ニ関スル法律（明治42年法律第40号）	建物保護法
〔旧〕借地法（大正10年法律第49号）	借地法
〔旧〕借家法（大正10年法律第50号）	借家法
借地借家法（平成3年法律第90号）	借地借家法

公証信託ニ関する法律（大正11年法律第62号）	信託法
民事調停法の一部を改正する法律（平成3年法律第91号）	改正民調法
基本通達	
所得税基本通達（昭和45直審（所）30	所基通
法人税基本通達（昭和44直審（法）25）	法基通
相続税法基本通達（昭和34年直資10）	相基通
財産評価基本通達（昭和39年直資56，直審（資）17）	評基通
租税特別措置法に係る所得税の取扱いについて （昭和55年直所3-20，直法6-9）	措通
租税特別措置法（山林所得・譲渡所得関係）の取扱いについて （昭和46年直資4-5，直所4-5，直法2-6）	措通
租税特別措置法関係通達（法人税編）の制定について （昭和50年直法2-2）	措通
租税特別措置法（相続税法の特例のうち農地等に係る納税猶予の特例及び延納の特例関係以外）の取扱いについて （平成元年直資2-208）〔廃止〕	措通
個別通達	
相当の地代を収受している貸宅地の評価について （昭和43年直資3-22，直審（資）8，直審（資）30）	昭43直資3-22
相当の地代を支払っている場合等の借地権等についての相続税及び贈与税の取扱いについて （昭和60年直資2-58，直評9）	昭60直資2-58
負担付贈与又は対価を伴う取引により取得した土地等及び家屋等に係る評価並びに相続税法第7条及び第9条の規定の適用について （平成元年直評5，直資2-204）	平元直評5
法人税の借地権課税における相当の地代の取扱いについて （平成元年直法2-2）	平元直法2-2

※本書は、平成29年12月1日現在の内容、法令、通達等で執筆しています。

目次

はしがき
編集・執筆者一覧
凡例

第1編　定期借地権・借家権課税の概要

第1章　定期借地権課税の概要
Ⅰ　定期借地権の定義……………………………………………… 2
Ⅱ　定期借地権課税の概要………………………………………… 9

第2章　借家権課税の概要
Ⅰ　借家権の定義…………………………………………………… 17
Ⅱ　借家権課税の概要……………………………………………… 18

第2編　定期借地権課税のケース・スタディ

第1章　定期借地権設定時の課税
第1節　権利金の授受がある場合
Ⅰ-1　借主＝個人，貸主＝個人
　　　通常の地代の授受がある場合　ケース1-1-1-A ………………………… 25
Ⅰ-2　借主＝個人，貸主＝個人
　　　通常の地代より低額の地代の授受がある場合　ケース1-1-1-B ………… 28
Ⅱ　　借主＝個人，貸主＝法人
　　　通常の地代の授受がある場合　ケース1-1-2-A ………………………… 32
Ⅲ-1　借主＝法人，貸主＝個人
　　　通常の地代の授受がある場合　ケース1-1-3-A ………………………… 34
Ⅲ-2　借主＝法人，貸主＝個人
　　　通常の地代より低額の地代の授受がある場合　ケース1-1-3-B ………… 37
Ⅳ　　借主＝法人，貸主＝法人
　　　通常の地代の授受がある場合　ケース1-1-4-A ………………………… 40

第2節　保証金の授受がある場合

- Ⅰ-1　借主=個人,貸主=個人
  通常の地代の授受がある場合　ケース1-2-1-A ……… 43
- Ⅰ-2　借主=個人,貸主=個人
  通常の地代より低額の地代の授受がある場合　ケース1-2-1-B ……… 47
- Ⅱ　借主=個人,貸主=法人
  通常の地代の授受がある場合　ケース1-2-2-A ……… 52
- Ⅲ-1　借主=法人,貸主=個人
  通常の地代の授受がある場合　ケース1-2-3-A ……… 54
- Ⅲ-2　借主=法人,貸主=個人
  通常の地代より低額の地代の授受がある場合　ケース1-2-3-B ……… 59
- Ⅳ　借主=法人,貸主=法人
  通常の地代の授受がある場合　ケース1-2-4-A ……… 64

第3節　一時金等の授受がない場合

- Ⅰ-1　借主=個人,貸主=個人
  通常の地代の授受がある場合　ケース1-3-1-A ……… 67
- Ⅰ-2　借主=個人,貸主=個人
  通常の地代より低額の地代の授受がある場合　ケース1-3-1-B ……… 68
- Ⅱ　借主=個人,貸主=法人
  通常の地代の授受がある場合　ケース1-3-2-A ……… 71
- Ⅲ-1　借主=法人,貸主=個人
  通常の地代の授受がある場合　ケース1-3-3-A ……… 72
- Ⅲ-2　借主=法人,貸主=個人
  通常の地代より低額の地代の授受がある場合　ケース1-3-3-B ……… 74
- Ⅳ　借主=法人,貸主=法人
  通常の地代の授受がある場合　ケース1-3-4-A ……… 76

第2章　相続時又は贈与時の定期借地権及び底地の評価

- Ⅰ　権利金の授受がある場合
  定期借地権及び定期借地権の設定されている宅地の評価　ケース2-1 ……… 78
- Ⅱ　保証金の授受がある場合
  定期借地権,定期借地権の設定されている宅地及び保証金の評価　ケース2-2 ……… 81

Ⅲ 一時金等の授受がない場合
定期借地権, 定期借地権の設定されている宅地の評価 ケース2-3 ………… 85

第3編 定期借地権・借家権課税のワンポイント・アドバイス

第1章 定期借地権課税のワンポイント・アドバイス

Ⅰ 定期借地権及び定期借地権の設定されている宅地の相続・贈与における評価について………………………………………………………… 90
Ⅱ 一般定期借地権の目的となっている宅地の評価……………………… 100
Ⅲ 定期借地権の設定された土地の物納…………………………………… 103
Ⅳ 優良住宅地の造成等のために土地等を譲渡した場合の軽減税率の特例等に係る一団の宅地の面積要件等の判定における定期借地権の取扱い……………………………………………………………………… 106
Ⅴ 定期借地権付住宅の購入と住宅ローン控除…………………………… 107
Ⅵ 基準年利率について……………………………………………………… 109
Ⅶ 定期借地権付住宅の分譲について……………………………………… 118
Ⅷ 一般定期借地権付住宅の売却…………………………………………… 123
Ⅸ 定期借地権の前払賃料について………………………………………… 124

第2章 借家権課税のワンポイント・アドバイス

Ⅰ 建設協力金を受け取って賃貸ビルを建設した場合の経済的な利益……… 136
Ⅱ 立退料を収受した場合の課税関係……………………………………… 138
Ⅲ 借家人補償金を受け取った場合の税務上の取扱い…………………… 139
Ⅳ 社宅の建物の相続税評価………………………………………………… 141
Ⅴ 相続開始時に一部空室があった場合の賃貸マンションの評価………… 143
Ⅵ 建設中の建物につき賃貸借予約契約を締結している場合の土地建物の評価……………………………………………………………………… 145
Ⅶ 借家権の償却……………………………………………………………… 146
Ⅷ 賃貸借契約の更新時の更新料の取扱い………………………………… 147
Ⅸ 同族会社である不動産管理会社等に支払う管理料の適正額………… 148
Ⅹ 同族会社を介した不動産賃貸の適正な管理料………………………… 151

第3章　建物定期賃貸借のワンポイント・アドバイス
　建物定期賃貸借（定期借家権）と税務……………………………………… 156

第 1 編

定期借地権・借家権課税の概要

第1章　定期借地権課税の概要

I　定期借地権の定義

1　借地借家法

　借地借家法では普通借地権，定期借地権，建物譲渡特約付借地権及び事業用定期借地権を次のように定義しています。

　また，借地権のうち，定期借地権等については以下のように普通借地権と区分して定義しています。

○**借地借家法**（平成3年法律第90号）
（定義）
第2条　この法律において，次の各号に掲げる用語の意義は，当該各号に定めるところによる。
　一　借地権　建物の所有を目的とする地上権又は土地の賃借権をいう。
　　　（以下略）
（定期借地権）
第22条　存続期間を50年以上として借地権を設定する場合においては，第9条及び第16条の規定にかかわらず，契約の更新（更新の請求及び土地の使用の継続によるものを含む。次条第1項において同じ。）及び建物の築造による存続期間の延長がなく，並びに第13条の規定による買取りの請求をしないこととする旨を定めることができる。この場合においては，その特約は，公正証書による等書面によってしなければならない。
（事業用定期借地権等）
第23条　専ら事業の用に供する建物（居住の用に供するものを除く。次項において同じ。）の所有を目的とし，かつ，存続期間を30年以上50年未満として借地権を設定する場合においては，第9条及び第16条の規定にかかわらず，契約の更新及び建物の築造による存続期間の延長がなく，並びに第13条の規定による買取りの請求をしないこととする旨を定めることができる。
2　専ら事業の用に供する建物の所有を目的とし，かつ，存続期間を10年以上

30年未満として借地権を設定する場合には，第3条から第8条まで，第13条及び第18条の規定は，適用しない。
3　前2項に規定する借地権の設定を目的とする契約は，公正証書によってしなければならない。

（建物譲渡特約付借地権）
第24条　借地権を設定する場合（前条第2項に規定する借地権を設定する場合を除く。）においては，第9条の規定にかかわらず，借地権を消滅させるため，その設定後30年以上を経過した日に借地権の目的である土地の上の建物を借地権設定者に相当の対価で譲渡する旨を定めることができる。
2　前項の特約により借地権が消滅した場合において，その借地権者又は建物の賃借人でその消滅後建物の使用を継続しているものが請求をしたときは，請求の時にその建物につきその借地権者又は建物の賃借人と借地権設定者との間で期間の定めのない賃貸借（借地権者が請求をした場合において，借地権の残存期間があるときは，その残存期間を存続期間とする賃貸借）がされたものとみなす。この場合において，建物の借賃は，当事者の請求により，裁判所が定める。
3　第1項の特約がある場合において，借地権者又は建物の賃借人と借地権設定者との間でその建物につき第38条第1項の規定による賃貸借契約をしたときは，前項の規定にかかわらず，その定めに従う。

2　所得税法

次のように所得税法で定義する借地権は，借地借家法で定義する借地権と類似していますが，所得税法が『建物又は構築物の所有を目的とする……』としているのに対し，借地借家法では『建物の所有を目的とする……』という点が異なります。

○所得税法（昭和40年法律第33号）
（譲渡所得）
第33条　譲渡所得とは，資産の譲渡（建物又は構築物の所有を目的とする地上権又は賃借権の設定その他契約により他人に土地を長期間使用させる行為で政令で定めるものを含む。以下この条において同じ。）による所得をいう。
　　（以下略）
○所得税法施行令（昭和40年政令第96号）

> **（資産の譲渡とみなされる行為）**
> **第79条** 法第33条第1項（譲渡所得）に規定する政令で定める行為は，建物若しくは構築物の所有を目的とする地上権若しくは賃借権（以下この条において「借地権」という。）又は地役権……（略）

3 法人税法

　法人税法における借地権は，原則として地上権又は土地の賃借権をいい，建物又は構築物の所有かどうかは問いません。

　したがって，権利金の認定課税等は，建物又は構築物の所有を目的としていなくても課税の対象になります。

　法人税法施行令138条は，法人がその所有する土地を他人に使用させた場合に，その土地の時価が著しく低下する場合に土地等の帳簿価額の一部を損金に算入する規定で，この規定だけは，借地権の定義を「建物又は構築物の所有を目的とする」となっています。

　つまり，法人が他人に土地を使用させた場合に，土地の帳簿価額の一部を損金に算入する要件の一つとして，その借地権の設定が建物又は構築物の所有目的であることが挙げられ，いい換えると，建物又は構築物の所有目的以外の借地権の設定では，土地の帳簿価額の一部を損金に算入することはできません。

> ○**法人税法施行令**（昭和40年政令第97号）
> （土地の使用に伴う対価についての所得の計算）
> **第137条** 借地権（地上権又は土地の賃借権をいう。以下この条において同じ。）若しくは地役権の設定により土地を使用させ，又は借地権の転貸その他他人に借地権に係る土地を使用させる行為をした内国法人については……（略）
> （借地権の設定等により地価が著しく低下する場合の土地等の帳簿価額の一部の損金算入）
> **第138条** 内国法人が借地権（建物又は構築物の所有を目的とする地上権又は土地の賃借権をいう。以下この条において同じ。）又は地役権……（略）
> （更新料を支払つた場合の借地権等の帳簿価額の一部の損金算入等）
> **第139条** 内国法人が，その有する借地権（地上権若しくは土地の賃借権又はこれらの権利に係る土地の転借に係る権利をいう。）又は地役権の……（略）

4　相続税法

　相続税における借地権の定義は，借地借家法で定義する借地権とまったく同一のものとなっています。

　また，課税上借地権の取引の慣行のない地域の場合，借地権の評価はしないことになっています。

○財産評価基本通達（昭和39年4月25日直資56他）

（土地の上に存する権利の評価上の区分）

9　土地の上に存する権利の価額は，次に掲げる権利の別に評価する。

　（1）地上権（民法（明治29年法律第89条）第269条の2《地下又は空間を目的とする地上権》第1項の地上権（以下「区分地上権」という。）及び借地借家法（平成3年法律第90号）第2条《定義》に規定する借地権に該当するものを除く。以下同じ。）

　（2）～（4）（略）

　（5）借地権（借地借家法第22条《定期借地権》，第23条《事業用定期借地権等》，第24条《建物譲渡特約付借地権》及び第25条《一時使用目的の借地権》に規定する借地権（以下「定期借地権等」という。）に該当するものを除く。以下同じ。）

　（以下略）

（借地権の評価）

27　借地権の価額は，その借地権の目的となっている宅地の自用地としての価額に，当該価額に対する借地権の売買実例価額，精通者意見価格，地代の額等を基として評定した借地権の価額の割合（以下「借地権割合」という。）がおおむね同一と認められる地域ごとに国税局長の定める割合を乗じて計算した金額によって評価する。ただし，借地権の設定に際しその設定の対価として通常権利金その他の一時金を支払うなど借地権の取引慣行があると認められる地域以外の地域にある借地権の価額は評価しない。

（定期借地権等の評価）

27－2　定期借地権等の価額は，原則として，課税時期において借地権者に帰属する経済的利益及びその存続期間を基として評定した価額によって評価する。

　ただし，課税上弊害がない限り，その定期借地権等の目的となっている宅地の課税時期における自用地としての価額に，次の算式により計算した数値

を乗じて計算した金額によって評価する。

$$\frac{\text{次項に定める定期借地権等の設定の時における借地権者に帰属する経済的利益の総額}}{\text{定期借地権等の設定の時におけるその宅地の通常の取引価額}} \times \frac{\text{課税時期におけるその定期借地権等の残存期間年数に応ずる基準年利率による複利年金現価率}}{\text{定期借地権等の設定期間年数に応ずる基準年利率による複利年金現価率}}$$

5　地価税法

（平成10年税制改正により，地価税は当分の間，課税が停止されています。）

地価税における借地権の定義は，借地借家法で定義する借地権とまったく同一のものとなっています。

○**地価税法**（平成3年法律第69号）

　（定義）

第2条　（略）

　三　借地権　借地借家法（平成3年法律第90号）第2条第1号（定義）に規定する借地権をいう。

6　その他用語の意義

(1)　地上権（民法265条・269条の2）

　地上権とは，他人の土地において工作物又は竹木を所有するために，その土地を使用する権利をいいます。

(2)　永小作権（民法270条～279条）

　永小作権とは，小作料を払って他人の土地に耕作又は牧畜をする権利をいいます。

(3)　地役権（民法280条～294条）

　地役権とは，その設定の目的に従って，他人の土地を自己の土地の便益に供する権利をいいます。

　（例）自分の土地への通路，水路

(4)　相当の地代

①　法人税における相当の地代

$$\text{相当の地代} = \left(\text{土地の更地価額}(※) - \text{実際権利金} \times \frac{\text{土地の更地価額}}{\text{その土地の通常の取引価額}}\right) \times 6\%（注）$$

（注） 平元直法2－2通達により，地代率は当分の間，「年8％」を「年6％」と読み替えて運用することとされています。

※土地の更地価額とは，

（イ）原則＝通常の取引価額

（ロ）課税上弊害がない場合，次のいずれかの金額

　　a　近傍類地の公示価格等から合理的に算定した価額

　　b　相続税評価額

　　c　相続税評価額の過去3年間の平均額

② 相続税，贈与税における相当の地代

$$\text{相当の地代} = \left(\text{自用地価額} - \text{実際権利金} \times \frac{\text{自用地価額}}{\text{借地権設定時の土地の時価}}\right) \times 6\%$$

※自用地としての価額とは，相続税評価額の過去3年間の平均額

（5）通常の地代

通常の地代とは，「その地域において通常の賃貸借契約に基づいて通常支払われる地代」（昭60直資2－58ほか）をいいます。

税法上，通常の地代は上記のような表現だけで，具体的な計算方法は規定されていません。

ただし，簡便法として以下の計算によることが認められています。

｛自用地価額－（自用地価額×借地権割合）｝×6％

上記算式の自用地価額ですが，法人税法と相続税法・地価税法では異なると考えられます。

① 法人税法

法人税法においては，相当の地代の算出時の際の土地の更地価額に関し，

原則＝通常の取引価額

（イ）課税上弊害がない場合，次のいずれかの金額

（ロ）　a　近傍類似の公示価格等から合理的に算定した価額

　　　　b　相続税評価額

　　　　c　相続税評価額の過去3年間の平均額

となっています。

相当の地代に用いた価額を簡便法による通常の地代の計算式にも使用するものと

考えられます。

② **相続税法・地価税法**

　相続税法・地価税法での課税価格について定められた財産評価基本通達では，法人税法の場合と違い，相当の地代は相続税評価額の過去3年間の平均額を用いて計算します。

　したがって，簡便法によって通常の地代を計算する場合にも相続税評価額の過去3年間の平均額を使用するものとされています。

参照法令　▶ 法基通13−1−2　▶平元直法2−2　▶昭60直資2−58ほか

Ⅱ 定期借地権課税の概要

 借地権の設定時や借地権の返還時に，権利金その他の名目で金銭の授受があった場合や，借地権を相続又は贈与により取得した場合には，当然その対価又は相続税評価額を基準として課税関係が生じますが，各税法における借地権課税の概要は，次のようになっています。

1 所得税法
（1）設定時の課税
 個人が他人に土地を使用させた場合，受け取った権利金の額は，不動産所得又は譲渡所得として課税されます。
① 土地の時価が明らかな場合
 建物もしくは構築物の所有を目的とする借地権又は地役権の設定のうち，その対価として支払いを受ける金額が，その土地の価額の10分の5を超える場合は，譲渡所得に該当します。

(注) 地下もしくは空間について上下の範囲を定めた借地権もしくは地役権の設定である場合等は，対価として支払いを受ける金額がその土地の価額の4分の1を超える場合

② 土地の時価が不明な場合
 土地の時価が不明な場合で，借地権又は地役権の設定の対価として支払いを受ける金額が，その設定により支払いを受ける地代の年額の20倍に相当する金額以下の場合には，譲渡所得に該当しないものと推定されます。

（2）譲渡時の課税
 個人が借地権を譲渡した場合には，土地の譲渡と同じように譲渡所得として課税されます。
 この場合，所有期間に応じて短期又は長期の譲渡所得として分離課税が行われるとともに，居住用財産の特別控除や事業用資産の買換えなどの規定も，土地の譲渡とまったく同じように取り扱われます。
 また，個人が法人に対して時価の2分の1未満の金額で借地権を譲渡した場合には，時価で譲渡があったものとして課税されます。

（3）返還時の課税
① 借地の返還をした場合
　（イ）普通借地権の場合

立退料を受け取った場合，譲渡時の課税と同じ取扱いになります。

また，立退料を受け取らなかった場合，貸主が法人の場合であればみなし譲渡となり，貸主が個人であれば贈与となります。

ただし，契約書で将来無償で返還することが定められているなど一定の場合には課税されません。

(ロ) 一般定期借地権，建物譲渡特約付借地権，事業用定期借地権の場合

これらの契約では，契約期間の更新をしないことと返還時に立退料等の請求をしないことを契約に定めているのが一般的で，その内容に従って返還した場合には特に課税はありません。

② 貸地の返還を受けた場合

(イ) 普通借地権の場合

個人が法人である借地権者から貸地の無償返還を受けた場合には，法人からの贈与があったものとして，その借地権の時価に相当する金額が一時所得の収入金額として課税されます。

(注) 個人が個人である借地権者から無償返還を受けた場合には，贈与税が課税されます。

(ロ) 一般定期借地権，建物譲渡特約付借地権，事業用定期借地権の場合

これらの契約では，契約期間の更新をしないことと返還時に立退料等の請求をしないことを契約に定めているのが一般的で，その内容に従って返還した場合には特に課税はありません。

| 参照法令 | ▶所法26条，33条，59条　▶所令79条　▶所基通33－6，34－1（7），59－5 |

2　法人税法

(1) 設定時の課税

法人が他人に土地を使用させた場合，受け取るべき権利金の額は益金に算入されます。

この場合，受け取るべき権利金の額が土地の時価の10分の5以上のときは，土地の帳簿価額のうち権利金に対応する部分の金額が損金の額に算入されます。

土地等の譲渡の日が平成10年1月1日から平成32年3月31日までの間は，土地譲渡益重課制度の適用はありません。

所有期間による区分	2 年 以 下 (超短期)	2年超5年以下 (短期)	5 年 超 (長期)
平8．1．1～ 平9．12．31	通常の法人税 ＋ 15％の追加課税	通常の法人税 ＋ 10％の追加課税	通常の法人税 ＋ 5％の追加課税
平10改正後 (平10．1．1～)	廃止	適用停止	適用停止

(2) 譲渡時の課税

　法人が借地権の譲渡をした場合には，土地重課の適用，買換えの適用，特別控除の適用など土地の譲渡と同じように取り扱われます。

　ただし，譲渡の日の属する年の1月1日現在の所有期間が5年以下で土地譲渡益重課制度が適用されるものは，特定資産の買換えは適用できません。

(注) 平成10年1月1日から平成32年3月31日までの期間については，土地譲渡益重課制度の適用が停止されているため，譲渡の日の属する年の1月1日現在の所有期間が5年以下の借地権であっても特定資産の買換えが適用できます。(措法62の3，63)

(3) 返還時の課税

① 借地の返還をした場合

　(イ) 普通借地権の場合

　立退料を受け取った場合，譲渡時の課税と同じ取扱いになります。

　また，立退料を受け取らなかった場合，譲渡益と貸主に対する寄附金を両建てすることとなります。

　ただし，契約書で将来無償で返還することが定められている場合や一時使用の場合など，一定の場合には課税されません。

(注) 一時使用の場合とは次のような場合で，通常権利金の授受を伴わないものであると認められるときです。
　・土地の使用目的が単に物品置場，駐車場等として更地のまま使用する場合
　・仮営業所，仮店舗等の簡易な建物の敷地として使用する場合

　(ロ) 一般定期借地権，建物譲渡特約付借地権，事業用定期借地権の場合

　これらの契約では，契約期間の更新をしないことと返還時に立退料等の請求をしないことを契約に定めているのが一般的で，その内容に従って返還した場合には特に課税はありません。

② 貸地の返還を受けた場合

　(イ) 普通借地権の場合

法人が貸地の返還を受けるにあたり，支払った立退料等の額は土地の取得価額に算入されますが，本来支払うべきであった立退料等を支払わなかった場合においても，原則としてそれによる経済的利益はないものとされます。

（ロ）一般定期借地権，建物譲渡特約付借地権，事業用定期借地権の場合

これらの契約では，契約期間の更新をしないことと返還時に立退料等の請求をしないことを契約に定めているのが一般的で，その内容に従って返還した場合には特に課税はありません。

| 参照法令 | ▶法令137条，138条　▶法基通13－1－16，13－1－5
▶措法62条の3，63条1項，65条の7第1項　▶措令38条の4第1項，38条の5 |

3　相続税法

（1）設定時の課税

個人が賃貸借契約により個人の土地を借受けた場合に，権利金授受の慣行のある地域で権利金を支払わなかった場合には，土地所有者から借地権相当額の贈与があったものとして贈与税が課税されます。

ただし，使用貸借の場合又は相当の地代の支払いがある場合には課税されません。

（2）相続，贈与時の課税

借地権を有する者から相続又は贈与により借地権を取得した場合には，相続税評価額により相続税又は贈与税が課税されます。

（3）返還時の課税

個人が個人である借地権者から貸地の無償返還を受けた場合には，借地権相当額の贈与があったものとして贈与税が課税されます。

(注) 個人が法人から無償返還を受けた場合は，一時所得として課税されます。

（4）譲渡時の課税

負担付贈与又は個人間の借地権の譲渡があった場合に，借地権を取得した者はその取得時の通常の取引価額で取得したものとして，負担額又は対価の額と通常の取引価額との差額は，贈与税の課税対象とされます。

| 参照法令 | ▶相法1条，1条の2，2条，2条の2，▶昭60直資2－58　▶昭48直資2－189　平元直評5ほか |

4 地価税法

【編注】 平成10年度の税制改正により，平成10年分以後の地価税については，当分の間課税されないこととされました。

ただし，平成9年以前の各年の課税時期に係る地価税については，この改正前の地価税法及び租税特別措置法に関する規定が適用されます。

(1) 納税義務者

納税義務者は，毎月1月1日（課税時期）時点で，国内にある土地及び，借地権の所有者である，個人及び法人です。

(2) 課税対象

土地，地上権，構築物その他工作物の設置を目的とする賃借権，借地借家法第2条第1号（定義）に規定する借地権等（以下，「土地等」という。）

(3) 非課税とされる土地等

① 国，地方公共団体等が保有する土地等，公益社団法人，公益財団法人，学校法人，宗教法人等が保有する土地等（定款等の記載事項以外の事業に供されている土地等や利用計画のない土地等で，公共事業目的に関係しない土地等を除く。）及び病院，社会福祉施設等の公益性の高い用途に直接供されている土地等で具体的には以下のもの

区　　分	内　　容
自然・国土等	国立・国定公園内の山林，原野，池沼 農地，牧草地，森林（宅地化すべき農地は5年間に限る。） 道路，公園，河川等 砂防指定地内の土地等
医療・社会福祉等	病院，診療所等の保健医療施設等の敷地である土地等 老人ホーム，身障者施設等の敷地である土地等 調剤薬局の敷地である土地等 民営の保育園，有料老人ホームの敷地である土地等
教育・文化等	重要文化財，史跡等 個人立の幼稚園，専修学校，個人立各種学校で一定のものの敷地である土地等 医療関係者の養成所等の敷地である土地等
交通・通信等	鉄道の施設（軌道，駅舎）の敷地である土地等 定期路線バスの車庫である土地等 空港の格納庫の敷地である土地等 港湾施設，漁港施設の敷地である土地等 倉庫業法の倉庫の敷地である土地等 NTT等第1種通信事業の施設用地である土地等

	特定の都市計画駐車場の用に供されている土地等
水道・エネルギー等	水道，ガスの施設用地である土地等 変電所，発電所施設用地である土地等
その他	大使館等外国政府用地，警察施設，米軍駐留施設，自衛隊施設，競馬場等の敷地である土地等 特定郵便局の敷地である土地等 中央卸売市場，家畜市場，屠畜場等の敷地である土地等 公衆浴場の敷地である土地等 墓地，火葬場等の敷地である土地等

② 自宅の敷地である土地等（ただし，1,000㎡以下の部分に限る。）

③ 他人の居住の用に供されるものとして，貸し付けられている建物の敷地である土地等（住宅一戸当りの敷地面積が，1,000㎡以下の部分に限る。）

④ 1㎡当りの更地の価額が，3万円以下の土地等

(4) 課税価格の計算

個人又は法人が課税時期（その年の1月1日）において所有する土地等（非課税分を除く。）の相続税評価額の合計額となります。

また，一定の要件に該当する土地は，2分の1課税，3分の2課税，5分の1課税という課税価格算入の特例があります。

2分の1課税	①工場に関し最低限必要とされる環境施設の敷地である土地等 ②危険物に係る施設を維持するのに必要な最小限度の土地及び核燃料等に関し保安のために所有する周辺監視区域内の土地等 ③揮発油販売業者の給油所の用に供されている土地等 ④農業協同組合，事業協同組合等が有する土地等 ⑤指定文化財以外の一定の文化財に係る土地等 ⑥障害者多数雇用事業所で一定の要件に該当するものの敷地の用に供される土地等 ⑦一般廃棄物処理施設または産業廃棄物処理施設の用に供されている土地等 ⑧3島旅客鉄道株式会社が有する鉄道施設用地以外の土地等 ⑨石油備蓄法による石油備蓄タンク，液化石油ガス備蓄タンクの敷地である土地等 ⑩指定自動車整備事業者の自動車整備事業の用に供されている土地等 ⑪木材市場並びに一定の木材加工業者及び木材卸売業者の木材保管の用に供されている土地等 ⑫特別避難階段の附室等の用に供されている土地等 ⑬特定の附置義務駐車施設の用に供されている土地等
3分の2課税	①環境施設の用に供されている土地等（敷地面積の25%超部分） ②公開空地等に係る土地等 ③特定の地区施設等の用に供されている土地等 ④特定の放送用施設の用に供されている土地等

5分の1課税	①優良な宅地又は住宅を供給する一団の宅地造成事業又は住宅建設事業による分譲予定地

(5) 基礎控除額

次の①，又は②のいずれか多い方の金額となります。

①**金額基準**…………(イ) 個人及び中小法人の場合………15億円
　　　　　　　　　　(ロ) (イ)以外の法人 ……………………10億円

(中小法人とは，資本の金額，又は出資金額が1億円以下の法人をいう。)

②**面積基準**………… 1㎡当りの更地評価額が3万円を超える課税対象の土地等の面積)× 3万円

(借地権の場合には，3万円×借地権割合，課税価額算入の特例の適用のある土地等の場合には，3万円×1／2，2／3又は1／5となります。)

なお，平成9年以後は，次の①又は②のいずれか多い方の金額となります。

①**金額基準**…………(イ) 個人及び中小法人の場合……………………………15億円
　　　　　　　　　　(ロ) (イ)以外の法人で，資本の金額又は
　　　　　　　　　　　　 出資金が1億円を超え10億円以下の法人………8億円
　　　　　　　　　　(ハ) (イ)(ロ)以外の法人……………………………………5億円

(中小法人とは，資本金の額又は出資金の額が1億円以下の法人をいう。)

②**面積基準**………………………同上

(6) 税率

初年度（平成4年度）0.2％，次年度以降0.3％となっています。

なお，平成8年以後は0.15％となっています。

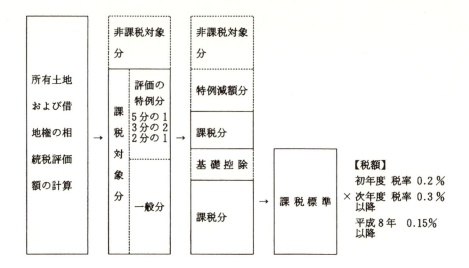

(7) 申告及び納税

　毎年10月1日から10月31日（ただし，平成4年度は，11月16日から12月15日）の間に申告し，申告期限と翌年3月31日に1／2ずつ分割して納税します。

(8) 実施時期

　平成4年1月1日からとなっています。

| 参照法令 | ▶地価法2条，4条，5条，6条，7条，8条，17条，18条，別表1
▶地価令3条，4条，5条，6条，7条，8条，9条
▶措法71条〜71条の17 |

第 2 章　借家権課税の概要

I　借家権の定義

1　借地借家法

　借地借家法においては，借家権は特に定義されていません。

　借家権は，借地権と違って独立した財産権としては認められておらず，建物に対する賃借権を通称「借家権」とよんでいます。

2　所得税法

　所得税法においても，借家権を特に定義していません。

　所得税基本通達33－6「借家人が受ける立退料」で借家権が出てきますが，その定義はされておらず，建物に対する賃借権の通称と考えるべきでしょう。

3　法人税法

　法人税法においても，借家権を特に定義していません。

4　相続税法

　相続税法においても，借家権を特に定義していません。

　財産評価基本通達94「借家権の評価」においてその定義はされておらず，借家法の適用のある家屋賃借人の所有する賃借権のことを意味すると解釈されています。

Ⅱ　借家権課税の概要

　税法の考え方では，借家権は独立した財産権としての意識はなく，その課税関係についてはわずかに示されているだけです。

1　所得税法
(1) 設定時の課税
　通常，建物の賃貸借をする場合，契約に際し以下のような金銭の授受があり，それぞれの課税関係は次に示すとおりです。
① 返還を要するもの（敷金・保証金等）
　返還を要する敷金・保証金については，受け取っても単なる預り金であり，何ら課税関係は生じません。
② 返還を要しないもの（権利金・礼金，保証金のうち返還を要しない部分）
　不動産の貸付けに伴い一時に収受する権利金・礼金等は，不動産所得として課税されます。
　一定の要件に該当する場合は，臨時所得として申告することができます。

(2) 譲渡時の課税
　借家権が権利金等の名称で取引される慣行のある地域での借家権の譲渡や収用等の場合の対価補償としての借家人補償は，譲渡所得の基因となる資産の譲渡として総合課税の譲渡所得となります。

(3) 返還時の課税
① 借家の返還をした場合
　敷金・保証金の返還を受けるのみで借家を立ち退く場合がほとんどと考えられますが，その場合は預託していた金銭の返還を受けただけであり，特に課税はありません。
　次に立退料を収受する場合ですが，立退料はその性質から次のように分類でき，それぞれの所得の種類は以下のようになります。
　（イ）対価補償
　譲渡所得
　（ロ）収益補償
　事業所得，不動産所得
　（ハ）移転補償

一時所得
(ニ)　経費補償
事業所得，不動産所得
② 借家の返還を受けた場合

借家人に返還した敷金・保証金は単なる預り金の返還であり，特に課税関係はありません。

借家人に立退料を支払った場合ですが，不動産所得の基因となっていた建物の賃借人を立ち退かすために支払った立退料は，不動産所得の必要経費となります。

ただし，建物や建物を取り壊してその敷地である土地を譲渡するために立退料を支出した場合は，譲渡収入から差引く譲渡費用となります。

また，購入に際し支払った立退料は，建物の取得価額に算入されます。

参照法令　▶所令95条　▶所基通33－6，33－7，34－1，37－23，38－11
　　　　　▶措通64（3）－15，64（3）－16

2　法人税法
(1) 設定時の課税

通常，建物の賃貸借をする場合，契約に際し以下のような金銭の授受があり，それぞれの課税関係は次に示す通りです。

① 返還を要するもの（敷金・保証金等）

返還を要する敷金・保証金については，受け取っても単なる預り金であり，何ら課税関係は生じません。

② 返還を要しないもの（権利金・礼金，保証金のうち返還を要しない部分）

不動産の貸付けに伴い一時に収受する権利金・礼金等は，益金に算入されます。

(2) 譲渡時の課税

譲渡収入が益金に算入されます。また，収用等による対価補償金は収用等に係る課税の特例の適用があります。

(3) 返還時の課税

① 借家の返還をした場合

敷金・保証金の返還を受けるのみで借家を立ち退く場合がほとんどと考えられますが，その場合は預託していた金銭の返還を受けただけであり，特に課税はありません。

次に立退料を収受する場合ですが，受け取った立退料は益金に算入されることに

② 借家の返還を受けた場合

　借家人に返還した敷金・保証金は単なる預り金の返還であり，特に課税関係は生じません。

　借家人に立退料を支払った場合ですが，支払った立退料は損金に算入されます。

　また，購入に際し支払った立退料は，建物の取得価額に算入されます。

参照法令　▶法基通7－3－5　▶措通64（2）－5, 64（2）－7～10

3　相続税法

(1) 設定時の課税

　借家権が権利金等の名称で取引きされる慣行のある地域で，個人が賃貸借契約により個人の建物を借り受けたときに権利金を支払わなかった場合には，建物所有者から権利金相当額の贈与があったものとして贈与税が課税されることが考えられますが，借家権が権利金等の名称で取引きされる慣行のある地域が明確にされていないことから，その他の地域をも含めて実際には課税は行われないと思われます。

　また，使用貸借の場合は課税関係は生じません。

(2) 相続税・贈与税の課税

　借家権が権利金等の名称で取引きされる慣行のある地域の借家権以外は，相続税及び贈与税は課税されません。

　借家権が権利金等の名称で取引きされる慣行のある地域の特定ができていないようなので，実際には相続税及び贈与税が課税されることはないと考えてよいでしょう。

(3) 返還時の課税

　借家権が権利金等の名称で取引きされる慣行のある地域で，個人が賃貸借契約により個人に貸していた建物を無償で返還を受けた場合は，借家人から権利金相当額の贈与があったものとして贈与税が課税されることが考えられますが，借家権が権利金等の名称で取引きされる慣行のある地域が明確にされていないことから，その他の地域をも含めて実際には課税は行われないと思われます。

　また，使用貸借の場合は課税関係は生じません。

参照法令　▶評基通94

第2編

定期借地権課税の
ケース・スタディ

第 1 章　定期借地権設定時の課税

		権利金の授受がある場合	
		個　人	法　人
個人	通常の地代の授受がある場合	ケース 1 - 1 - 1 - A (25頁)	ケース 1 - 1 - 3 - A (34頁)
個人	通常の地代より低額の地代の授受がある場合	ケース 1 - 1 - 1 - B (28頁)	ケース 1 - 1 - 3 - B (37頁)
法人	通常の地代の授受がある場合	ケース 1 - 1 - 2 - A (32頁)	ケース 1 - 1 - 4 - A (40頁)
法人	通常の地代より低額の地代の授受がある場合		

保証金の授受がある場合		一時金等の授受がない場合	
個　人	法　人	個　人	法　人
ケース1－2－1－A （43頁）	ケース1－2－3－A （54頁）	ケース1－3－1－A （67頁）	ケース1－3－3－A （72頁）
ケース1－2－1－B （47頁）	ケース1－2－3－B （59頁）	ケース1－3－1－B （68頁）	ケース1－3－3－B （74頁）
ケース1－2－2－A （52頁）	ケース1－2－4－A （64頁）	ケース1－3－2－A （71頁）	ケース1－3－4－A （76頁）

第1章 定期借地権設定時の課税

第1節 権利金の授受がある場合

			借　　　主	
			個　　人	法　　人
貸主	個人	通常の地代の授受がある場合	ケース1－1－1－A （25頁）	ケース1－1－3－A （34頁）
		通常の地代より低額の地代の授受がある場合	ケース1－1－1－B （28頁）	ケース1－1－3－B （37頁）
	法人	通常の地代の授受がある場合	ケース1－1－2－A （32頁）	ケース1－1－4－A （40頁）
		通常の地代より低額の地代の授受がある場合		

第1節 権利金の授受がある場合〈ケース1−1−1−A〉

Ⅰ−1　借主＝個人，貸主＝個人　通常の地代の授受がある場合

ケース1−1−1−A

Q　私の所有している土地を，個人である第三者に一般定期借地権を設定して賃貸することとなりました。その際の権利金及び地代に対する税金はどうなりますか。

定期借地権の種類	一般定期借地権
土地の時価	1億円
土地の取得価額	2,000万円
権利金	3,000万円（返還不要）
地代の年額	年間60万円（月額5万円）

(※) 権利金，保証金などの一時金等の授受がない場合の通常の地代の年額を土地の時価の2.5％としています。

　借主である個人は，支払った権利金が定期借地権の取得価額となります。

貸主である個人は，受け取った権利金が不動産所得の収入金額として課税されます。

地代については，貸主である個人は受け取った地代が不動産所得の収入金額として課税され，借主である個人はその土地を業務の用に供している場合に限り，その業務の必要経費に算入されます。

なお，個人間の土地の賃貸借においては地代が認定されることはありません。

●権利金の税務

1　借主の税務

設定時における課税関係は，特に生じません。

借主の支払った対価3,000万円が一般定期借地権の取得価額となります。

2 貸主の税務

貸主が受け取った権利金3,000万円は，不動産所得の収入金額として課税されます。

(1) 貸主が受け取った権利金は，不動産所得又は譲渡所得として課税されますが，いずれの所得に該当するかは次によります。

① 譲渡所得に該当する場合

（イ）土地の時価が明らかな場合

建物又は構築物の所有を目的とする借地権又は地役権の設定のうち，その対価として支払いを受ける金額が，その土地の価額の10分の5を超える場合は譲渡所得に該当します。

> **判定**
>
> 受取権利金　　土地の価額
> 3,000万円　≦　1億円　×　5／10
>
> 受取権利金が土地の価額の10分の5以下のため譲渡所得に該当せず，不動産所得として課税されます。
>
> (注) 地価もしくは空間について，上下の範囲を定めた借地権もしくは地役権の設定である場合等は，対価として支払いを受ける金額がその土地の価額の4分の1を超えると譲渡所得となります。

（ロ）土地の時価が不明な場合

土地の時価が不明な場合で，借地権又は地役権の設定の対価として支払を受ける金額が，その設定より支払いを受ける地代の年額の20倍に相当する金額以下のときには，譲渡所得に該当しないものと推定されます。

> **判定**
>
> 受取権利金　　地代年額
> 3,000万円　＞　60万円　×　20
>
> 受取権利金が地代の年額の20倍を超えているため，仮に土地の時価が不明な場合には譲渡所得に該当することとなりますが，質問のケースでは，土地の時価が明らかで権利金の額の3,000万円が土地の時価の10分の5以下となりますので，譲渡所得ではなく不動産所得として課税されます。

② 不動産所得に該当する場合

上記①に該当して譲渡所得となる場合以外の権利金は，不動産所得として課税されます。

質問のケースは，上記①の譲渡所得に該当する権利金とならないため，受け取った権利金3,000万円は不動産所得として課税されます。

（2）税額計算

① 質問のケースは不動産所得に該当し，権利金3,000万円と毎年の地代は不動産所得の収入金額となります。また，土地の取得費については必要経費とはなりません。

一般定期借地権設定の年の不動産所得の計

（イ）収入金額　　　　　　3,060万円（権利金3,000万円＋地代60万円）
（ロ）必要経費　　　　　　0円
（ハ）不動産所得の金額　　3,060万円

不動産所得は他の総合所得と合算して税額計算を行います。

② 臨時所得の平均課税

上記により，不動産所得に該当する権利金について，次の要件のすべてを満たすものについては，臨時所得として平均課税の方法で税額の計算をすることができます。

（イ）3年以上の期間，不動産を使用することを約することにより支払いを受ける権利金
（ロ）権利金の金額が，その契約による地代の2年分に相当する金額以上であること
（ハ）臨時所得の金額が総所得金額の20％以上であること

●地代の税務

1　借主の税務

借主は，支払った地代についてその土地を業務の用に供している場合に限りその業務の必要経費に算入します。

2　貸主の税務

貸主は，受け取った地代が不動産所得の収入金額として課税されます。

第1章 定期借地権設定時の課税

参照法令 ▶所令79条

I-2 借主＝個人，貸主＝個人　通常の地代より低額の地代の授受がある場合

ケース1-1-1-B

Q 私の所有している土地を，個人である第三者に一般定期借地権を設定して賃貸することとなりました。その際の権利金及び地代に対する税金はどうなりますか。

定期借地権の種類	一般定期借地権
土地の時価	1億円（相続税評価額8,000万円）
土地の取得価額	1,800万円
権利金	2,000万円（返還不要）
地代の年額	年間30万円（権利金・保証金などの一時金等の支払いがない場合の通常の地代年250万円）

（※）権利金，保証金などの一時金等の授受がない場合の通常の地代の年額を土地の時価の2.5%としています。

A 借主である個人は，次の算式による金額が，一般定期借地権設定時に借地人に帰属する経済的利益の額とされ，それに応じた定期借地権価額から支払った権利金を差し引いた金額に対し贈与税の課税を受けます。

差額地代×設定期間に応じる基準年利率による複利年金現価率

また，支払った権利金は一般定期借地権の取得価額となります。

貸主である個人は，受け取った権利金が不動産所得の収入金額として課税されます。

地代については，貸主である個人は受け取った地代が不動産所得の収入金額として課税され，借主である個人はその土地を業務の用に供している場合に限り，その業務の必要経費に算入されます。

なお，個人間の土地の賃貸借においては地代が認定されることはありません。

●権利金の税務

1　借主の税務
（1）定期借地権に対する贈与税の課税

　個人間で定期借地権の設定があった場合で他の類似する定期借地権における地代の額にくらべて低額の地代の授受により定期借地権が設定されたときには，通常授受すべき地代と実際に授受している地代の差額から，定期借地権設定時に借地人に帰属する経済的利益を計算し，その額に応じた定期借地権価額から支払った権利金を差し引いた金額に対し借主に贈与税の課税があります。

(注)　この事例では，基準年利率を0.25％としていますが，実際の評価に際しては，年数・期間に応じた課税時期の基準利率を適用して計算します。

①　差額地代の計算

　差額地代の額は，他の類似した定期借地権における地代の額と実際に授受している地代の額との差額をいいます。また，権利金や保証金等の一時金の授受がある場合は，これらの授受に伴う前払地代に相当する金額を実際に授受している地代に加算して地代が低額かどうかを判定します。

> **判定**
>
> 　　通常の地代　　実際の地代　　権利金に伴う前払地代
> 　　250万円　＞　30万円　＋　2,000万円×　0.021（注）＝　72万円
> 　通常授受すべき地代250万円に満たないため，低額の地代であり，差額地代の額は178万円となります。
> 　(注)　設定期間数50年に応ずる基準年利率（0.25％）による年賦償還率

②　贈与額の計算

　授受した権利金の額と差額地代の額に設定期間に応じる基準年利率（0.25％）による複利年金現価率を乗じて得た金額の合計が借地人に帰属する経済的利益の額となります。

　（イ）経済的利益の額

$$
\begin{array}{ccc}
\text{権利金の額} & \text{差額地代の年額} & \begin{array}{c}\text{設定期間に応じる基}\\\text{準年利率(0.25\%)に}\\\text{よる複利年金現価率}\end{array} \\
2{,}000万円 & +\,178万円 & \times\quad 46.946
\end{array}
= 2{,}000万円 + 8{,}356.4万円
$$

$$= 10{,}356.4万円$$

（ロ）定期借地権の相続税評価額

定期借地権の相続税評価額は次の算式により計算します。

$$
\underset{\text{自用地価額}}{\text{課税時期における}} \times \frac{\underset{\substack{\text{設定時に借地人に帰属する}\\\text{経済的利益の総額}}}{\text{〔設定時の定期借地権割合〕}}}{\underset{\substack{\text{設定時におけるその宅地の}\\\text{通常取引価額}}}{}} \times \frac{\underset{\substack{\text{課税時期における残存期間年数に}\\\text{応ずる基準年利率による複利年金}\\\text{現価率}}}{\text{〔定期借地権の逓減率〕}}}{\underset{\substack{\text{設定期間に応ずる基準年利率によ}\\\text{る複利年金現価率}}}{}}
$$

$$= 8{,}000万円 \times \frac{2{,}000万円 + 8{,}356.4万円}{1億円} \times \frac{46.946}{46.946}$$

$$= 8{,}285.12万円$$

（ハ）贈与があったとされる金額

定期借地権設定時の定期借地権の相続税評価額から支払った権利金の額を差し引いた金額が贈与税の課税の対象となります。

$$8{,}285.12万円 - 2{,}000万円 = 6{,}285.12万円$$

（2）支払った権利金の取扱い

借主の支払った権利金2,000万円は定期借地権の取得価額となります。

(注) 基準年利率は，相続，遺贈又は贈与により取得した財産を評価する場合において適用し，平成16年1月1日以降は，年数または期間に応じ，短期（3年未満），中期（3年以上7年未満）及び長期（7年以上）に区分し，各月ごとに定められています（評基通4－4）。

2 貸主の税務

① 権利金に対する課税

貸主が受け取った権利金は，不動産所得又は譲渡所得として課税されますが，権利金の額が土地の時価の10分の5を超える場合には譲渡所得となり，10分の5以下の場合には不動産所得となります。

質問のケースでは権利金の額は2,000万円で土地の時価1億円の10分の5以下ですので不動産所得となります。

② 臨時所得の平均課税

上記により，不動産所得に該当する権利金について，次の要件のすべてを満たすものについては，臨時所得として平均課税の方法で税額の計算をすることができます。
- （イ）３年以上の期間，不動産を使用することを約することにより支払いを受ける権利金
- （ロ）権利金の金額が，その契約による地代の２年分に相当する金額以上であること
- （ハ）臨時所得の金額が総所得金額の20％以上であること

●地代の税務

1　借主の税務

借主は，支払った地代についてその土地を業務の用に供している場合に限りその業務の必要経費に算入します。

2　貸主の税務

貸主は，受け取った地代が不動産所得の収入金額として課税されます。

参照法令　▶所令79条　▶評基通27－２，27－３

Ⅱ 借主＝個人，貸主＝法人 通常の地代の授受がある場合

ケース1-1-2-A

Q 当社の所有している土地を，個人である第三者に一般定期借地権を設定して賃貸することとなりました。その際の権利金及び地代に対する税金はどうなりますか。

定期借地権の種類	一般定期借地権
土地の時価	1億円
土地の取得価額	2,000万円
権利金	3,000万円（返還不要）
地代の年額	年間60万円（月額5万円）

（※）権利金，保証金などの一時金等の授受がない場合の通常の地代の年額を土地の時価の2.5％としています。

A 借主である個人は，支払った権利金が定期借地権の取得価額となります。
貸主である法人は，受け取った権利金を益金に算入しますが，土地の帳簿価額の一部を損金に算入することはできません。
地代については，貸主である法人は受け取った地代を益金に算入し，借主である個人はその土地を業務の用に供している場合に限り，その業務の必要経費に算入されます。

●権利金の税務

1 借主の税務

設定時における課税関係は，特に生じません。
借主の支払った対価3,000万円が一般定期借地権の取得価額となります。

2 貸主の税務
(1) 法人の経理

貸主が受け取った権利金3,000万円は益金に算入されます。また，土地の帳簿価

額のうち，損金に算入される金額はありません。

(2) 土地の帳簿価額の一部損金算入がある場合

受け取った権利金の額が土地の時価の10分の5以上の場合，土地の帳簿価額のうち下記の算式により計算した金額を損金算入することができます。

$$土地の帳簿価額 \times \frac{受け取った権利金の額}{土地の時価}$$

質問のケースでは，権利金の額が土地の時価の10分の5に満たないため，この取扱いの適用はありません。

●地代の税務

1 借主の税務

借主は，支払った地代についてその土地を業務の用に供している場合に限りその業務の必要経費に算入します。

2 貸主の税務

貸主は，受け取った地代を益金に算入することとなります。

参照法令　▶法令138条

Ⅲ-1 借主＝法人，貸主＝個人 通常の地代の授受がある場合

ケース１－１－３－Ａ

Q 私の所有している土地を，法人である第三者に一般定期借地権を設定して賃貸することとなりました。その際の権利金及び地代に対する税金はどうなりますか。

定期借地権の種類	一般定期借地権
土地の時価	1億円
土地の取得価額	2,000万円
権利金	3,000万円（返還不要）
地代の年額	年間60万円（月額5万円）

（※）権利金，保証金などの一時金等の授受がない場合の通常の地代の年額を土地の時価の2.5％としています。

A 借主である法人は，支払った権利金が定期借地権の取得価額となります。
　貸主である個人は，受け取った権利金が不動産所得の収入金額として課税されます。
　地代については，貸主である個人は受け取った地代が不動産所得の収入金額として課税され，借主である法人は損金に算入することとなります。

●権利金の税務

1　借主の税務

設定時における課税関係は，特に生じません。
借主の支払った対価3,000万円が一般定期借地権の取得価額となります。

2　貸主の税務

貸主が受け取った権利金3,000万円は，不動産所得の収入金額として課税されます。

（1）貸主が受け取った権利金は，不動産所得又は譲渡所得として課税されますが，いずれの所得に該当するかは次によります。

① 譲渡所得に該当する場合

（イ）土地の時価が明らかな場合

　建物又は構築物の所有を目的とする借地権又は地役権の設定のうち，その対価として支払いを受ける金額が，その土地の価額の10分の5を超える場合は譲渡所得に該当します。

> **設例**
>
> 　　受取権利金　　　土地の価額
> 　　3,000万円　≦　1億円　×　5／10
> 　受取権利金が土地の価額の10分の5以下のため譲渡所得に該当せず，不動産所得として課税されます。
> （注）地価もしくは空間について，上下の範囲を定めた借地権もしくは地役権の設定である場合等は，対価として支払を受ける金額がその土地の価額の4分の1を超えると譲渡所得となります。

（ロ）土地の時価が不明な場合

　土地の時価が不明な場合で，借地権又は地役権の設定の対価として支払いを受ける金額が，その設定より支払いを受ける地代の年額の20倍に相当する金額以下のときには，譲渡所得に該当しないものと推定されます。

> **設例**
>
> 　　受取権利金　　　地代年額
> 　　3,000万円　＞　60万円　×　20
> 　受取権利金が地代の年額の20倍を超えているため，仮に土地の時価が不明な場合には譲渡所得に該当することとなりますが，質問のケースでは，土地の時価が明らかで権利金の額の3,000万円が土地の時価の10分の5以下となりますので，譲渡所得ではなく不動産所得として課税されます。

② 不動産所得に該当する場合

　上記①に該当するとして譲渡所得となる場合以外の権利金は，不動産所得として課税されます。

質問のケースは，上記①の譲渡所得に該当する権利金とならないため，受け取った権利金3,000万円は不動産所得として課税されます。

(2) 税額計算

① 質問のケースは不動産所得に該当し，権利金3,000万円と毎年の地代は不動産所得の収入金額となります。また，土地の取得費については必要経費とはなりません。

一般定期借地権設定の年の不動産所得の計

(イ) 収入金額　　　　　　3,060万円（権利金3,000万円＋地代60万円）
(ロ) 必要経費　　　　　　0円
(ハ) 不動産所得の金額　　3,060万円

不動産所得は他の総合所得と合算して税額計算を行います。

② 臨時所得の平均課税

上記により，不動産所得に該当する権利金について，次の要件のすべてを満たすものについては，臨時所得として平均課税の方法で税額の計算をすることができます。

(イ) 3年以上の期間，不動産を使用することを約することにより支払いを受ける権利金

(ロ) 権利金の金額が，その契約による地代の2年分に相当する金額以上であること

(ハ) 臨時所得の金額が総所得金額の20％以上であること

●地代の税務

1　借主の税務

借主は，支払った地代について損金に算入します。

2　貸主の税務

貸主は，受け取った地代が不動産所得の収入金額として課税されます。

参照法令　▶所令79条

Ⅲ-2 借主＝法人，貸主＝個人 通常の地代より低額の地代の授受がある場合

ケース１－１－３－Ｂ

Q 私の所有している土地を，法人である第三者に一般定期借地権を設定して賃貸することとなりました。その際の権利金及び地代に対する税金はどうなりますか。

定期借地権の種類	一般定期借地権
土地の時価	1億円（相続税評価額8,000万円）
土地の取得価額	1,800万円
権利金	2,000万円（返還不要）
地代の年額	年間30万円（権利金・保証金などの一時金等の支払いがない場合の通常の地代年250万円）

（※）権利金，保証金などの一時金等の授受がない場合の通常の地代の年額を土地の時価の2.5％としています。

A 借主である法人は，次の算式による金額が，一般定期借地権設定時に借地人に帰属する経済的利益の額とされ，それに応じた定期借地権価額から支払った権利金を差し引いた金額に対し受贈益が認定され課税を受けます。

　差額地代×設定期間に応じる基準年利率による複利年金現価率

また，支払った権利金は一般定期借地権の取得価額となります。

貸主である個人は，受け取った権利金が不動産所得の収入金額として課税されます。

地代については，貸主である個人は受け取った地代が不動産所得の収入金額として課税され，借主である法人は損金に算入することとなります。

●権利金の税務

1　借主の税務

（1）定期借地権に対する認定の課税

貸主個人・借主法人間で定期借地権の設定があった場合で他の類似する定期借地権における地代の額にくらべて低額の地代の授受により定期借地権が設定されたときには，通常授受すべき地代と実際に授受している地代の差額から，定期借地権設定時に借地人に帰属する経済的利益を計算し，その額に応じた定期借地権価額から支払った権利金を差し引いた金額に対し借主である法人に対し受贈益の認定課税があります。

(注) この事例では，基準年利率を0.25％としていますが，実際の評価に際しては，年数・期間に応じた課税時期の基準利率を適用して計算します。

① 差額地代の計算

差額地代の額は，他の類似した定期借地権における地代の額と実際に授受している地代の額との差をいいます。また，権利金や保証金等の一時金の授受がある場合は，これらの授受に伴う前払地代に相当する金額を実際に授受している地代に加算して地代が低額かどうかを判定します。

判定

通常の地代　実際の地代　権利金に伴う前払地代
250万円　＞　30万円　＋　2,000万円　×　0.021（注）＝72万円

通常授受すべき地代250万円に満たないため，低額の地代であり，差額地代の額は178万円となります。

(注) 設定期間数50年に応ずる基準年利率（0.25％）による年賦償還率

② 受贈益の計算

授受した権利金の金額と差額地代の額に設定期間に応じる基準年利率（0.25％）による複利年金現価率を乗じて得た金額の合計額が借地人に帰属する経済的利益の額となります。

（イ）経済的利益の額

　　権利金の額　　差額地代の年額　　設定期間に応じる基準年利率（0.25％）による複利年金現価率
　　2,000万円　＋　178万円　　×　　46.946　　＝2,000万円＋8,356.4万円
　　　　　　　　　　　　　　　　　　　　　　　　＝10,356.4万円

（ロ）定期借地権の価額

設定時の定期借地権の価額は次の算式により計算します。

$$
\begin{array}{c}
\text{課税時期に}\\
\text{おける}\\
\text{土地の時価}
\end{array}
\times
\frac{\begin{array}{c}\text{〔設定時の定期借地権割合〕}\\\text{設定時に借地人に帰属する}\\\text{経済的利益の総額}\end{array}}{\begin{array}{c}\text{設定時におけるその宅地の}\\\text{通常取引価額}\end{array}}
\times
\frac{\begin{array}{c}\text{〔定期借地権の逓減率〕}\\\text{課税時期における残存期間年数に}\\\text{応ずる基準年利率による複利年金}\\\text{現価率}\end{array}}{\begin{array}{c}\text{設定期間に応ずる基準年利率によ}\\\text{る複利年金現価率}\end{array}}
$$

$$= 1 億円 \times \frac{2,000万円 + 8,356.4万円}{1億円} \times \frac{46.946}{46.946}$$

$$= 10,356.4 万円$$

(ハ) 受贈益の金額

定期借地権設定時の定期借地権の価額から支払った権利金の額を差し引いた金額が受贈益となります。

10,356.4万円 − 2,000万円 = 8,356.4万円

(2) 支払った権利金の取扱い

借主の支払った権利金2,000万円は、受贈益の8,356.4万円とあわせて定期借地権の取得価額となります。

(注) 基準年利率は、相続、遺贈又は贈与により取得した財産を評価する場合において適用し、平成16年1月1日以降は、年数又は期間に応じ、短期（3年未満）、中期（3年以上7年未満）及び長期（7年以上）に区分し、各月ごとに定められています（評基通4−4）。

2 貸主の税務

① 権利金に対する課税

貸主が受け取った権利金2,000万円は、不動産所得の収入金額として課税されます。

貸主が受け取った権利金は、不動産所得又は譲渡所得として課税されますが、権利金の額が土地の時価の10分の5を超える場合には譲渡所得となり、10分の5以下の場合には不動産所得となります。

質問のケースでは権利金の額は2,000万円で土地の時価1億円の10分の5以下ですので不動産所得となります。

② 臨時所得の平均課税

上記により、不動産所得に該当する権利金について、次の要件のすべてを満たすものについては、臨時所得として平均課税の方法で税額の計算をすることができます。

(イ) 3年以上の期間、不動産を使用することを約することにより支払いを受ける権利金

(ロ) 権利金の金額が、その契約による地代の2年分に相当する金額以上であること
(ハ) 臨時所得の金額が総所得金額の20%以上であること

●地代の税務

1 借主の税務

定期借地権の受贈益が認定されるため、借主が支払った地代については適正な地代として損金に算入されます。

2 貸主の税務

貸主は、受け取った地代が不動産所得の収入金額として課税されます。

参照法令 ▶法法22条

Ⅳ 借主＝法人，貸主＝法人 通常の地代の授受がある場合

ケース1-1-4-A

Q 当社の所有している土地を、法人である第三者に一般定期借地権を設定して賃貸することとなりました。その際の権利金及び地代に対する税金はどうなりますか。

定期借地権の種類	一般定期借地権
土地の時価	1億円
土地の取得価額	2,000万円
権利金	3,000万円（返還不要）
地代の年額	年間60万円（月額5万円）

（※）権利金、保証金などの一時金等の授受がない場合の通常の地代の年額を土地の時価の2.5%としています。

A 借主である法人は、支払った権利金が定期借地権の取得価額となります。

第1節　権利金の授受がある場合〈ケース1－1－4－A〉

貸主である法人は，受け取った権利金を益金に算入しますが，土地の帳簿価額の一部を損金に算入することはできません。

地代については，貸主である法人は受け取った地代を益金に算入し，借主である法人は損金に算入します。

●権利金の税務

1　借主の税務

設定時における課税関係は，特に生じません。

借主の支払った対価3,000万円が一般定期借地権の取得価額となります。

2　貸主の税務

(1) 法人の経理

貸主が受け取った権利金3,000万円は益金に算入されます。また，土地の帳簿価額のうち，損金に算入される金額はありません。

(2) 土地の帳簿価額の一部損金算入がある場合

受け取った権利金の額が土地の時価の10分の5以上の場合，土地の帳簿価額のうち下記の算式により計算した金額を損金算入することができます。

$$土地の帳簿価額 \times \frac{受け取った権利金の額}{土地の時価}$$

質問のケースでは，権利金の額が土地の時価の10分の5に満たないため，この取扱いの適用はありません。

●地代の税務

1　借主の税務

借主は，支払った地代について損金に算入します。

2　貸主の税務

貸主は，受け取った地代を益金に算入することとなります。

参照法令　　▶法令138条

第1章 定期借地権設定時の課税

第2節 保証金の授受がある場合

			借主	
			個　人	法　人
貸主	個人	通常の地代の授受がある場合	ケース1－2－1－A （43頁）	ケース1－2－3－A （54頁）
		通常の地代より低額の地代の授受がある場合	ケース1－2－1－B （47頁）	ケース1－2－3－B （59頁）
	法人	通常の地代の授受がある場合	ケース1－2－2－A （52頁）	ケース1－2－4－A （64頁）
		通常の地代より低額の地代の授受がある場合		

第2節　保証金の授受がある場合〈ケース1－2－1－A〉

Ⅰ－1　借主＝個人，貸主＝個人　通常の地代の授受がある場合

ケース1－2－1－A

Q 私の所有している土地を，個人である第三者に一般定期借地権を設定して賃貸することとなりました。その際の保証金及び地代に対する税金はどうなりますか。

定期借地権の種類	一般定期借地権
土地の時価	1億円
土地の取得価額	2,000万円
保証金	3,000万円（無利息，借地契約終了時に返還）
地代の年額	年間72万円（月額6万円）

（※）権利金，保証金などの一時金等の授受がない場合の通常の地代の年額を土地の時価の2.5％としています。

A 借主である個人には，特に課税はありません。

貸主である個人は，受け取った保証金が債務となります。また，保証金の経済的利益及び運用益についてはその使用形態によって課税が異なります。

地代については，貸主である個人は受け取った地代が不動産所得の収入金額として課税され，借主である個人はその土地を業務の用に供している場合に限り，その業務の必要経費に算入します。

なお，個人間の土地の賃貸借においては地代が認定されることはありません。

●借地権設定時の保証金の税務

1　借主の税務

設定時における課税関係は，特に生じません。

2 貸主の税務

貸主が受け取った保証金3,000万円は，単なる債務となります。

貸主が受け取った保証金は，単なる債務となる場合と譲渡所得として課税される場合がありますが，いずれに該当するかは次によります。

① 譲渡所得に該当する場合

（イ）土地の時価が明らかな場合

建物又は構築物の所有を目的とする借地権又は地役権の設定のうち，支払いを受ける保証金に係る特別の経済的利益が，その土地の価額の10分の5を超える場合は譲渡所得に該当します。

保証金に係る特別の経済的利益は次の計算によります。

(注) この事例では，基準年利率を0.25％としていますが，実際の評価に際しては，年数・期間に応じた課税期間の基準年利率を適用して計算します。

$$\text{保証金の額} - \text{保証金の額} \times \left\{\begin{array}{l}\text{通常の利率（年0.25\%として}\\ \text{利息に約定がある場合には，}\\ \text{その利息についての利率を控}\\ \text{除した利率）の10分の5に相}\\ \text{当する利率による複利の方法}\\ \text{で計算した現在価値}\end{array}\right\} = \left\{\begin{array}{l}\text{特別の経済的}\\ \text{利益で借地権}\\ \text{の設定等によ}\\ \text{る対価とされ}\\ \text{る金額}\end{array}\right\}$$

判定

保証金に係る経済的利益の額　　　　　　　　　土地の価額
(3,000万円 − 3,000万円 × 0.499) ＝ 1,503万円 ≦ 1億円 × 5／10

保証金に係る特別の経済的利益が土地の価額の10分の5以下のため譲渡所得に該当せず，単なる債務となります。

(注) 地価もしくは空間について，上下の範囲を定めた借地権もしくは地役権の設定である場合等は，対価として支払を受ける金額がその土地の価額の4分の1を超えると譲渡所得となります。

（ロ）土地の時価が不明な場合

土地の時価が不明な場合，保証金に係る特別の経済的利益が，その設定より支払いを受ける地代の年額の20倍に相当する金額以下のときには，譲渡所得に該当しないものと推定されます。

> **判定**
>
> 受取権利金　　地代年額
> 1,503万円　＞　60万円×　20
> 　保証金に係る特別の経済的利益が地代の年額の20倍を超えているため，仮に土地の時価が不明な場合には譲渡所得に該当することとなりますが，質問のケースでは土地の時価が明らかで保証金に係る特別の利益が土地の時価の10分の5以下となりますので，受け取る保証金は譲渡所得ではなく，単なる債務となります。

② 単なる債務となる場合

　上記①に該当して譲渡所得となる場合以外の保証金は，単なる債務となります。

　質問のケースは，上記①の譲渡所得に該当する権利金とならないため，単なる債務として取り扱われます。

●毎年の保証金に係る経済的利益の税務

　貸主が受取保証金に係る毎年の経済的利益及び運用益については，その使途・運用形態によって課税が異なってきます。

1　保証金を各種所得の基因となる業務に係る資金として運用している場合

　（業務とは，不動産所得，事業所得，山林所得及び雑所得を生ずべき業務をいいます。）

　保証金について適正な利率により計算した利息に相当する金額を各年分の不動産所得計算上の収入金額に算入するとともに，同額を各種所得金額の金額の計算上必要経費に算入します。

　適正な利率は，各年の「10年長期国債の平均利率」によることとされており，平成26年分は0.57％（国税庁平成27年個人課税情報第1号），平成27年分は0.38％（国税庁平成28年個人課税情報第1号）となっています。なお，平成28年分については，平成28年中の定期預金の平均年利率（預入期間10年・1千万円以上）によることとされており，0.05％（国税庁平成29年個人課税情報第1号）となります。

　（例）受け取った保証金を事業所得を生ずべき業務の運転資金として使用した場合

(事業所得)　　　　　　　　　(不動産所得)
保証金に係る支払利子　／　保証金に係る経済的利益

　保証金が不動産所得を生すべき業務の用に使用されている場合は、不動産所得の計算において収益・費用の両建て計上となりますので、実務上は強いて計上する必要はないでしょう。

2　保証金を各種所得の基因となる業務の用に供する資産の取得資金としている場合

　上記1と同様に保証金について適正な利率（平成28年分は0.05％）により計算した利息に相当する金額を各年分の不動産所得計算上の収入金額に算入するとともに、同額を各種所得金額の金額の計算上必要経費に算入します。
　また、保証金が不動産所得を生ずべき業務の用に使用されている場合は、不動産所得の計算において収益・費用の両建て計上となりますので、実務上は強いて計上する必要はないでしょう。
　（例）受け取った保証金を借地権を設定する土地の造成費用に使用した場合
(不動産所得)　　　　　　　　(不動産所得)
保証金に係る支払利子　／　保証金に係る経済的利益

3　保証金を預貯金、公社債、指定金銭信託、貸付信託等の金融資産に運用している場合

　保証金を運用している金融資産の利子等の収入は、保証金の経済的利益に見合うものであり、しかも源泉徴収によって必ず課税の対象となります。
　したがって、保証金の経済的利益については特に計算しなくてもよいこととなっています。

4　1，2，3以外の場合

　保証金について、適正な利率（平成28年分は0.05％）により計算した利息に相当する金額を各年分の不動産所得計算上の収入金額に算入します。
　（例）受け取った保証金を相続税の納税に使用した場合
　　　　　　　　　(不動産所得)
家　事　費　／　保証金に係る経済的利益

第2節　保証金の授受がある場合〈ケース１－２－１－Ｂ〉

●地代の税務

1　借主の税務

借主は，支払った地代についてその土地を業務の用に供している場合に限りその業務の必要経費に算入します。

2　貸主の税務

貸主は，受け取った地代が不動産所得の収入金額として課税されます。

参照法令　▶所令79条，80条　▶所基通33－14

Ｉ－２　借主＝個人，貸主＝個人　通常の地代より低額の地代の授受がある場合

ケース１－２－１－Ｂ

Q　私の所有している土地を，個人である第三者に一般定期借地権を設定して賃貸することとなりました。その際の権利金及び地代に対する税金はどうなりますか。

　　定期借地権の種類　　　一般定期借地権
　　土地の時価　　　　　　１億円（相続税評価額8,000万円）
　　土地の取得価額　　　　1,800万円
　　保証金　　　　　　　　2,000万円（無利息，借地契約終了時に返還）
　　地代の年額　　　　　　年間30万円（権利金・保証金などの一時金等
　　　　　　　　　　　　　　の支払いがない場合の通常の地代年250万円）

（※）権利金，保証金などの一時金等の授受がない場合の通常の地代の年額を土地の時価の2.5％としています。

A　借主である個人は，次の算式による金額が，一般定期借地権設定時に借地人に帰属する経済的利益の額とされ，それに応じた定期借地権価額から支払った保証金に係る経済的利益の額を差し引いた金額に対し贈与税の課税を受けます。

差額地代×設定期間に応じる基準年利率による複利年金現価率

貸主である個人は，受け取った保証金は債務となります。

地代については，貸主である個人は受け取った地代が不動産所得の収入金額として課税され，借主である個人はその土地を業務の用に供している場合に限り，その業務の必要経費に算入します。

なお，個人間の土地の賃貸借においては地代が認定されることはありません。

●借地権設定時の保証金の税務

1 借主の税務

定期借地権に対する贈与税の課税

個人間で定期借地権の設定があった場合で他の類似する定期借地権における地代の額にくらべて低額の地代の授受により定期借地権が設定されたときには，通常授受すべき地代と実際に授受している地代の差額から，定期借地権設定時に借地人に帰属する経済的利益を計算し，その額に応じた定期借地権価額から支払った権利金を差し引いた金額に対し借主に贈与税の課税があります。

(注) この事例では，基準年利率を0.25％としていますが，実際の評価に際しては，年数・期間に応じた課税時期の基準利率を適用して計算します。

① 差額地代の計算

差額地代の額は，他の類似した定期借地権における地代の額と実際に授受している地代の額との差額をいいます。また，権利金や保証金等の一時金の授受がある場合は，これらの授受に伴う前払地代に相当する金額を実際に授受している地代に加算して地代が低額かどうかを判定します。

> **判定**
>
> 　通常の地代　実際の地代　　権利金に伴う前払地代
> 　250万円　＞　30万円　＋　234万円（注1）　×　0.021（注2）　＝　35万円
> 　通常授受すべき地代250万円に満たないため、低額の地代であり、差額地代の額は215万円となります。
>
> （注1）保証金に係る経済的利益の額　2,000万円－2,000万円×設定期間に応ずる基準年利率（0.25％）による複利現価率0.883＝234万円
> （注2）設定期間数50年に応ずる基準年利率（0.25％）による年賦償還率

② 贈与額の計算

　差額地代の額に設定期間に応じる基準年利率（0.25％）による複利年金現価率を乗じて得た金額が借地人に帰属する経済的利益の額となります。

（イ）経済的利益の額

　　　　　　　　　　　　設定期間に応じる基準
　　　　　　　　　　　　年利率（0.25％）によ
　差額地代の年額　　　　る複利年金現価率
　　215万円　　　×　　　46.946　　　　　＝10,093.4万円

（ロ）定期借地権の相続税評価額

定期借地権の相続税評価額は次の算式により計算します。

$$\text{課税時期における自用地価額} \times \frac{\text{〔設定時の定期借地権割合〕設定時に借地人に帰属する経済的利益の総額}}{\text{設定時におけるその宅地の通常取引価額}} \times \frac{\text{〔定期借地権の逓減率〕課税時期における残存期間年数に応ずる基準年利率による複利年金現価率}}{\text{設定期間に応ずる基準年利率による複利年金現価率}}$$

　＝8,000万円　×　$\frac{234万＋10,093.4万円}{1億円}$　×　$\frac{46.946}{46.946}$

　＝8,261.9万円

（ハ）贈与があったとされる金額

　定期借地権設定時の定期借地権の相続税評価額から支払った保証金の額に係る経済的利益の額を差し引いた金額が贈与税の課税の対象となります。

　8,261.9万円－234万円＝8,027.9万円

(注) 基準年利率は，相続，遺贈又は贈与により取得した財産を評価する場合において適用し，平成16年1月1日以降は，年数又は期間に応じ，短期（3年未満），中期（3年以上7年未満）及び長期（7年以上）に区分し，各月ごとに定められています（評基通4－4）。

2 貸主の税務

権利金に対する課税

貸主が受け取った保証金2,000万円は，債務となります。

貸主が受け取った保証金は，単なる債務又は譲渡所得として課税されますが，保証金に係る特別の経済的利益の額が土地の時価の10分の5を超える場合には譲渡所得となり，10分の5以下の場合には単なる債務となります。

質問のケースでは，保証金に係る特別の経済的利益の額は234万円で土地の時価1億円の10分の5以下ですので，債務となります。

(注) この事例では，基準年利率を0.25％としていますが，実際の評価に際しては，年数・期間に応じた課税期間の基準年利率を適用して計算します。

保証金の額 − 保証金の額 × {通常の利率（年0.25％として利息に約定がある場合には，その利息についての利率を控除した利率）の10分の5に相当する利率による複利の方法で計算した現在価値} = {特別の経済的利益で借地権の設定等による対価とされる金額}

= 2,000万円 − (2,000万円 × 0.499)
= 1,002万円

●毎年の保証金に係る経済的利益の税務

貸主が受取保証金に係る毎年の経済的利益及び運用益については，その使途・運用形態によって課税が異なってきます。

1 保証金を各種所得の基因となる業務に係る資金として運用している場合

（業務とは，不動産所得，事業所得，山林所得及び雑所得を生ずべき業務をいいます。）

保証金について適正な利率により計算した利息に相当する金額を各年分の不動産所得計算上の収入金額に算入するとともに，同額を各種所得金額の金額の計算上必要経費に算入します。

適正な利率は，各年の「10年長期国債の平均利率」によることとされており，平

成26年分は0.57％（国税庁平成27年個人課税情報第1号），平成27年分は0.38％（国税庁平成28年個人課税情報第1号）となっています。なお，平成28年分については，平成28年中の定期預金の平均年利率（預入期間10年・1千万円以上）によることとされており，0.05％（国税庁平成29年個人課税情報第1号）となります。

（例）受け取った保証金を事業所得を生ずべき業務の運転資金として使用した場合
（事業所得）　　　　　　（不動産所得）
保証金に係る支払利子　／　保証金に係る経済的利益

保証金が不動産所得を生ずべき業務のように使用されている場合は，不動産所得の計算において収益・費用の両建て計上となりますので，実務上は強いて計上する必要はないでしょう。

2　保証金を各種所得の基因となる業務の用に供する資産の取得資金としている場合

上記1と同様に保証金について適正な利率（平成28年分は0.05％）により計算した利息に相当する金額を各年分の不動産所得計算上の収入金額に算入するとともに，同額を各種所得金額の金額の計算上必要経費に算入します。

また，保証金が不動産所得を生ずべき業務のように使用されている場合は，不動産所得の計算において収益・費用の両建て計上となりますので，実務上は強いて計上する必要はないでしょう。

（例）受け取った保証金を借地権を設定する土地の造成費用に使用した場合
（不動産所得）　　　　　　（不動産所得）
保証金に係る支払利子　／　保証金に係る経済的利益

3　保証金を預貯金，公社債，指定金銭信託，貸付信託等の金融資産に運用している場合

保証金を運用している金融資産の利子等の収入は，保証金の経済的利益に見合うものであり，しかも源泉徴収によって必ず課税の対象となります。

したがって，保証金の経済的利益については特に計算しなくてもよいこととなっています。

4　1，2，3以外の場合

保証金について適正な利率（平成28年分は0.05％）により計算した利息に相当す

る金額を各年分の不動産所得計算上の収入金額に算入します。
(例) 受け取った保証金を相続税の納税に使用した場合

　　　　　　　　　　(不動産所得)
　家　事　費　／　保証金に係る経済的利益

●地代の税務

1　借主の税務

借主は，支払った地代についてその土地を業務の用に供している場合に限りその業務の必要経費に算入します。

2　貸主の税務

貸主は，受け取った地代が不動産所得の収入金額として課税されます。

参照法令　▶評基通27－2，27－3　▶所基通33－14

Ⅱ　借主＝個人，貸主＝法人　通常の地代の授受がある場合

ケース1－2－2－A

Q　当社の所有している土地を，個人である第三者に一般定期借地権を設定して賃貸することとなりました。その際の保証金及び地代に対する税金はどうなりますか。

　定期借地権の種類　　　一般定期借地権
　土地の時価　　　　　　1億円
　土地の取得価額　　　　2,000万円
　保証金　　　　　　　　3,000万円（無利息，借地契約終了時に返還）
　地代の年額　　　　　　年間72万円（月額6万円）

（※）権利金，保証金などの一時金等の授受がない場合の通常の地代の年額を土地の時価の2.5%としています。

借主である個人には、特に課税はありません。
貸主である法人は、受け取った保証金が債務となります。
地代については、貸主である法人は受け取った地代を益金に算入し、借主である個人はその土地を業務の用に供している場合に限り、その業務の必要経費に算入します。

●借地権設定時の保証金の税務

1 借主の税務
設定時における課税関係は、特に生じません。

2 貸主の税務
貸主が受け取った保証金3,000万円は、単なる債務となります。
貸主が受け取った保証金は、単なる債務となる場合とその特別の経済的利益を益金に算入する場合がありますが、いずれに該当するかは次によります。

(1) 特別の経済的利益を益金に算入する場合
保証金に係る特別の経済的利益を益金に算入する場合とは以下の算式により計算した金額が土地の時価の10分の5以上となるときに限られます。

(注) この事例では、基準年利率を0.25％としていますが、実際の評価に際しては、年数・期間に応じた課税期間の基準年利率を適用して計算します。

保証金の額 － 保証金の額 × { 通常の利率（0.25％として利息に約定がある場合には、その利息についての利率を控除した利率）の10分の5に相当する利率による複利の方法で計算した現在価値 } = { 特別の経済的利益で借地権の設定等による対価とされる金額 }

> **判定**
>
> 保証金に係る経済的利益の額　　　　　　　土地の価額
> (3,000万円 － 3,000万円×0.499) ＝　1,503万円　≦　1億円 × 5／10
>
> 保証金に係る特別の経済的利益が土地の価額の10分の5以下のため、単なる債務となります。
>
> (注) 地価もしくは空間について、上下の範囲を定めた借地権もしくは地役権の設定である場合等は、対価として支払いを受ける金額がその土地の価額の4分の1を超えると特

別の経済的利益を益金に算入します。

（2） 単なる債務となる場合

上記（1）に該当する場合以外の保証金は，単なる債務となります。

質問のケースは，上記（1）の経済的利益の益金算入となる保証金とならないため，単なる債務として取り扱われます。

●地代の税務

1　借主の税務

借主は，支払った地代についてその土地を業務の用に供している場合に限りその業務の必要経費に算入します。

2　貸主の税務

貸主は，受け取った地代を益金に算入することとなります。

参照法令　▶所令79条，80条　▶法令138条　▶法基通13－1－11

Ⅲ－1　借主＝法人，貸主＝個人 通常の地代の授受がある場合

ケース1－2－3－A

Q　私の所有している土地を，法人である第三者に一般定期借地権を設定して賃貸することとなりました。その際の保証金及び地代に対する税金はどうなりますか。

定期借地権の種類	一般定期借地権
土地の時価	1億円
土地の取得価額	2,000万円
保証金	3,000万円（無利息，借地契約終了時に返還）
地代の年額	年間72万円（月額6万円）

(※) 権利金，保証金などの一時金等の授受がない場合の通常の地代の年額を土地の時価の2.5%としています。

　借主である法人には，特に課税はありません。
　貸主である個人は，受け取った保証金が債務となります。また，保証金の経済的利益及び運用益についてはその使用形態によって課税が異なります。
　地代については，貸主である個人は受け取った地代が不動産所得の収入金額として課税され，借主である法人は損金に算入することとなります。

●借地権設定時の保証金の税務

1　借主の税務

　設定時における課税関係は，特に生じません。支払った保証金を資産計上します。

2　貸主の税務

　貸主が受け取った保証金3,000万円は，単なる債務となります。
　貸主が受け取った保証金は，単なる債務となる場合と譲渡所得として課税される場合がありますが，いずれに該当するかは次によります。

① 譲渡所得に該当する場合

（イ）土地の時価が明らかな場合

　建物又は構築物の所有を目的とする借地権又は地役権の設定のうち，支払いを受ける保証金に係る特別の経済的利益が，その土地の価額の10分の5を超える場合は譲渡所得に該当します。
　保証金に係る特別の経済的利益は次の計算によります。

(注) この事例では，基準年利率を0.25%としていますが，実際の評価に際しては，年数・期間に応じた課税期間の基準年利率を適用して計算します。

$$\text{保証金の額} - \text{保証金の額} \times \left\{\begin{array}{l}\text{通常の利率（年0.25\%として}\\\text{利息に約定がある場合には，}\\\text{その利息についての利率を控}\\\text{除した利率）の10分の5に相}\\\text{当する利率による複利の方法}\\\text{で計算した現在価値}\end{array}\right\} = \left\{\begin{array}{l}\text{特別の経済的}\\\text{利益で借地権}\\\text{の設定等によ}\\\text{る対価とされ}\\\text{る金額}\end{array}\right\}$$

第1章 定期借地権設定時の課税

> **判定**
>
> 保証金に係る経済的利益の額　　　　　　　　　　土地の価額
> (3,000万円－3,000万円× 0.499)＝ 1,503万円 ≦ 1億円× 5／10
>
> 保証金に係る特別の経済的利益が土地の価額の10分の5以下のため譲渡所得に該当せず，単なる債務となります。
>
> （注）地価もしくは空間について，上下の範囲を定めた借地権もしくは地役権の設定である場合等は，対価として支払いを受ける金額がその土地の価額の4分の1を超えると譲渡所得となります。

（ロ）土地の時価が不明な場合

　土地の時価が不明な場合，保証金に係る特別の経済的利益が，その設定より支払いを受ける地代の年額の20倍に相当する金額以下のときには，譲渡所得に該当しないものと推定されます。

> **判定**
>
> 保証金に係る経済的利益の額　地代年額
> 1,503万円　　　　　　　　　＞　　　60万円 × 20
>
> 保証金に係る特別の経済的利益が地代の年額の20倍を超えているため，仮に土地の時価が不明な場合には譲渡所得に該当することとなりますが，質問のケースでは土地の時価が明らかで保証金に係る特別の利益が土地の時価の10分の5以下となりますので，受け取る保証金は譲渡所得ではなく単なる債務となります。

② 単なる債務となる場合

　上記①に該当して譲渡所得となる場合以外の保証金は，単なる債務となります。
　質問のケースは，上記①の譲渡所得に該当する権利金とならないため，単なる債務として取扱われます。

●毎年の保証金に係る経済的利益の税務

　貸主が受取保証金に係る毎年の経済的利益及び運用益については，その使途・運用形態によって課税が異なってきます。

1　保証金を各種所得の基因となる業務に係る資金として運用している場合

（業務とは，不動産所得，事業所得，山林所得及び雑所得を生ずべき業務をいいます。）

保証金について適正な利率により計算した利息に相当する金額を各年分の不動産所得計算上の収入金額に算入するとともに，同額を各種所得金額の金額の計算上必要経費に算入します。

適正な利率は，各年の「10年長期国債の平均利率」によることとされており，平成26年分は0.57％（国税庁平成27年個人課税情報第1号），平成27年分は0.38％（国税庁平成28年個人課税情報第1号）となっています。なお，平成28年分については，平成28年中の定期預金の平均年利率（預入期間10年・1千万円以上）によることとされており，0.05％（国税庁平成29年個人課税情報第1号）となります。

（例）受け取った保証金を事業所得を生ずべき業務の運転資金として使用した場合

（事業所得）　　　　　　　（不動産所得）
保証金に係る支払利子　／　保証金に係る経済的利益

保証金が不動産所得を生ずべき業務のように使用されている場合は，不動産所得の計算において収益・費用の両建て計上となりますので，実務上は強いて計上する必要はないでしょう。

2　保証金を各種所得の基因となる業務の用に供する資産の取得資金としている場合

上記1と同様に保証金について適正な利率（平成28年分は0.05％）により計算した利息に相当する金額を各年分の不動産所得計算上の収入金額に算入するとともに，同額を各種所得金額の金額の計算上必要経費に算入します。

また，保証金が不動産所得を生ずべき業務のように使用されている場合は，不動産所得の計算において収益・費用の両建て計上となりますので，実務上は強いて計上する必要はないでしょう。

（例）受け取った保証金を借地権を設定する土地の造成費用に使用した場合

（不動産所得）　　　　　　（不動産所得）
保証金に係る支払利子　／　保証金に係る経済的利益

3 保証金を預貯金，公社債，指定金銭信託，貸付信託等の金融資産に運用している場合

保証金を運用している金融資産の利子等の収入は，保証金の経済的利益に見合うものであり，しかも源泉徴収によって必ず課税の対象となります。

したがって，保証金の経済的利益については特に計算しなくてもよいこととなっています。

4 1，2，3以外の場合

保証金について適正な利率（平成28年分は0.05％）により計算した利息に相当する金額を各年分の不動産所得計算上の収入金額に算入します。

（例）受け取った保証金を相続税の納税に使用した場合

　　　　　　　　　（不動産所得）
家　事　費　／　保証金に係る経済的利益

●地代の税務

1 借主の税務

借主は，支払った地代について損金に算入します。

2 貸主の税務

貸主は，受け取った地代が不動産所得の収入金額として課税されます。

参照法令　▶所令79条，80　▶条所基通33－14

第2節　保証金の授受がある場合〈ケース１－２－３－B〉

Ⅲ－2　借主＝法人，貸主＝個人 通常の地代より低額の地代の授受がある場合

ケース１－２－３－B

Q　私の所有している土地を，法人である第三者に一般定期借地権を設定して賃貸することとなりました。その際の権利金及び地代に対する税金はどうなりますか。

定期借地権の種類	一般定期借地権
土地の時価	1億円（相続税評価額8,000万円）
土地の取得価額	1,800万円
保証金	2,000万円（無利息，借地契約終了時に返還）
地代の年額	年間30万円（権利金・保証金などの一時金等の支払いがない場合の通常の地代年250万円）

（※）権利金，保証金などの一時金等の授受がない場合の通常の地代の年額を土地の時価の2.5％としています。

借主である法人は，次の算式による金額が，一般定期借地権設定時に借地人に帰属する経済的利益の額とされ，それに応じた定期借地権価額から支払った保証金に係る経済的利益の額を差し引いた金額に対し受贈益が認定され課税を受けます。

　差額地代×設定期間に応じる基準年利率による複利年金現価率

貸主である個人は，受け取った保証金は債務となります。

地代については，貸主である個人は受け取った地代が不動産所得の収入金額として課税され，借主である法人は損金に算入することとなります。

●借地権設定時の保証金の税務

1　借主の税務
定期借地権に対する受贈益の課税

貸主個人・借主法人間で定期借地権の設定があった場合で，他の類似する定期借地権における地代の額にくらべて低額の地代の授受により定期借地権が設定された

ときには，通常授受すべき地代と実際に授受している地代の差額から，定期借地権設定時に借地人に帰属する経済的利益を計算し，その額に応じた定期借地権価額から支払った保証金に係る経済的利益を差し引いた金額について，借主である法人に対し受贈益の認定課税があります。

(注) この事例では，基準年利率を0.25％としていますが，実際の評価に際しては，年数・期間に応じた課税時期の基準利率を適用して計算します。

① 差額地代の計算

差額地代の額は，他の類似した定期借地権における地代の額と実際に授受している地代の額との差額をいいます。また，権利金や保証金等の一時金の授受がある場合は，これらの授受に伴う前払地代に相当する金額を実際に授受している地代に加算して地代が低額かどうかを判定します。

> **判定**
>
> 通常の地代　実際の地代　　保証金に係る前払地代
> 250万円　＞　30万円　＋　234万円（注1）×　0.021（注2）＝　35万円
> 通常授受すべき地代250万円に満たないため，低額の地代であり，差額地代の額は215万円となります。
> (注1) 保証金に係る経済的利益の額　2,000万円－2,000万円×設定期間に応ずる基準年利率（0.25％）による複利現価率0.883＝234万円
> (注2) 設定期間数50年に応ずる基準年利率（0.25％）による年賦償還率

② 受贈益の計算

保証金に係る経済的利益の額と差額地代の額に設定期間に応じる基準年利率（0.25％）による複利年金現価率を乗じて得た金額の合計額が借地人に帰属する経済的利益の額となります。

（イ）経済的利益の額

保証金に係る 経済的利益の 年額		差額地代の年額		設定期間に応じる基 準年利率(0.25％)に よる複利年金現価率	
234万円	＋	215万円	×	46.946	＝234万円＋10,093.3万円 ＝10,327.3万円

（ロ）定期借地権の価額

定期借地権の価額は次の算式により計算します。

第2節　保証金の授受がある場合〈ケース1－2－3－B〉

$$\begin{aligned}&\text{課税時期における土地の時価} \times \frac{\text{〔設定時の定期借地権割合〕設定時に借地人に帰属する経済的利益の総額}}{\text{設定時におけるその宅地の通常取引価額}} \times \frac{\text{〔定期借地権の逓減率〕課税時期における残存期間年数に応ずる基準年利率による複利年金現価率}}{\text{設定期間に応ずる基準年利率による複利年金現価率}}\\&= 1\text{億円} \times \frac{234\text{万}+10,093.3\text{万円}}{1\text{億円}} \times \frac{46.946}{46.946}\\&=10,327.3\text{万円}\end{aligned}$$

(ハ)　贈与があったとされる金額

　定期借地権設定時の定期借地権の相続税評価額から支払った保証金の額に係る経済的利益の額を差し引いた金額が受贈益となります。

　$10,327.3$万円－234万円＝$10,093.3$万円

(注)　基準年利率は，相続，遺贈又は贈与により取得した財産を評価する場合において適用し，平成16年1月1日以降は，年数又は期間に応じ，短期（3年未満），中期（3年以上7年未満）及び長期（7年以上）に区分し，各月ごとに定められています（評基通4－4）。

2　貸主の税務

権利金に対する課税

　貸主が受け取った保証金2,000万円は，債務となります。

　貸主が受け取った保証金は，単なる債務又は譲渡所得として課税されますが，保証金に係る特別の経済的利益の額が土地の時価の10分の5を超える場合には譲渡所得となり，10分の5以下の場合には単なる債務となります。

　質問のケースでは保証金に係る特別の経済的利益の額は234万円で土地の時価1億円の10分の5以下ですので債務となります。

(注)　この事例では，基準年利率を0.25％としていますが，実際の評価に際しては，年数・期間に応じた課税期間の基準年利率を適用して計算します。

$$\text{保証金の額}-\text{保証金の額} \times \left\{\begin{array}{l}\text{通常の利率（年0.25％として，}\\\text{利息に約定がある場合には，}\\\text{その利息についての利率を控}\\\text{除した利率）の10分の5に相}\\\text{当する利率による複利の方法}\\\text{で計算した現在価値}\end{array}\right\} = \left\{\begin{array}{l}\text{特別の経済的}\\\text{利益で借地権}\\\text{の設定等によ}\\\text{る対価とされ}\\\text{る金額}\end{array}\right\}$$

$$=2,000\text{万円}-(2,000\text{万円} \times 0.499)$$
$$=1,002\text{万円}$$

●毎年の保証金に係る経済的利益の税務

　貸主が受取保証金に係る毎年の経済的利益及び運用益については，その使途・運用形態によって課税が異なってきます。

1　保証金を各種所得の基因となる業務に係る資金として運用している場合

　（業務とは，不動産所得，事業所得，山林所得及び雑所得を生ずべき業務をいいます。）

　保証金について適正な利率により計算した利息に相当する金額を各年分の不動産所得計算上の収入金額に算入するとともに，同額を各種所得金額の金額の計算上必要経費に算入します。

　適正な利率は，各年の「10年長期国債の平均利率」によることとされており，平成26年分は0.57％（国税庁平成27年個人課税情報第1号），平成27年分は0.38％（国税庁平成28年個人課税情報第1号）となっています。なお，平成28年分については，平成28年中の定期預金の平均年利率（預入期間10年・1千万円以上）によることとされており，0.05％（国税庁平成29年個人課税情報第1号）となります。

　（例）受け取った保証金を事業所得を生ずべき業務の運転資金として使用した場合

（事業所得）　　　　　　　　　　（不動産所得）
保証金に係る支払利子　　／　　保証金に係る経済的利益

　保証金が不動産所得を生ずべき業務のように使用されている場合は，不動産所得の計算において収益・費用の両建て計上となりますので，実務上は強いて計上する必要はないでしょう。

2　保証金を各種所得の基因となる業務の用に供する資産の取得資金としている場合

　上記1と同様に保証金について適正な利率（平成28年分は0.05％）により計算した利息に相当する金額を各年分の不動産所得計算上の収入金額に算入するとともに，同額を各種所得金額の金額の計算上必要経費に算入します。

　また，保証金が不動産所得を生ずべき業務のように使用されている場合は，不動産所得の計算において収益・費用の両建て計上となりますので，実務上は強いて計上する必要はないでしょう。

　（例）受け取った保証金を借地権を設定する土地の造成費用に使用した場合

（不動産所得）　　　　　　（不動産所得）
　　保証金に係る支払利子　／　保証金に係る経済的利益

3　保証金を預貯金，公社債，指定金銭信託，貸付信託等の金融資産に運用している場合

　保証金を運用している金融資産の利子等の収入は，保証金の経済的利益に見合うものであり，しかも源泉徴収によって必ず課税の対象となります。

　したがって，保証金の経済的利益については特に計算しなくてもよいこととなっています。

4　1，2，3以外の場合

　保証金について適正な利率（平成28年分は0.05％）により計算した利息に相当する金額を各年分の不動産所得計算上の収入金額に算入します。

　（例）受け取った保証金を相続税の納税に使用した場合

　　　　　　　　　　　　（不動産所得）
　　家　　事　　費　／　保証金に係る経済的利益

●地代の税務

1　借主の税務

　定期借地権の受贈益が認定されるため，借主が支払った地代については適正な地代として損金に算入されます。

2　貸主の税務

　貸主は，受け取った地代が不動産所得の収入金額として課税されます。

参照法令　▶評基通27－2，27－3　▶所令79条，80条　▶所基通33－14

Ⅳ 借主＝法人，貸主＝法人 通常の地代の授受がある場合

ケース1－2－4－A

Q 当社の所有している土地を，法人である第三者に一般定期借地権を設定して賃貸することとなりました。その際の保証金及び地代に対する税金はどうなりますか。

定期借地権の種類	一般定期借地権
土地の時価	1億円
土地の取得価額	2,000万円
保証金	3,000万円（無利息，借地契約終了時に返還）
地代の年額	年間72万円（月額6万円）

（※）権利金，保証金などの一時金等の授受がない場合の通常の地代の年額を土地の時価の2.5％としています。

A 借主である法人には，特に課税はありません。
貸主である法人は，受け取った保証金が債務となります。
地代については，貸主である法人は受け取った地代を益金に算入し，借主である法人は損金に算入することとなります。

●借地権設定時の保証金の税務

1　借主の税務

設定時における課税関係は，特に生じません。

2　貸主の税務

貸主が受け取った保証金3,000万円は，単なる債務となります。
貸主が受け取った保証金は，単なる債務となる場合とその特別の経済的利益を益金に算入する場合がありますが，いずれに該当するかは次によります。

（1）特別の経済的利益を益金に算入する場合

保証金に係る特別の経済的利益を益金に算入する場合とは以下の算式により計算

した金額が土地の時価の10分の5以上となるときに限られます。

(注) この事例では，基準年利率を0.25％としていますが，実際の評価に際しては，年数・期間に応じた課税期間の基準年利率を適用して計算します。

$$\text{保証金の額} - \text{保証金の額} \times \left\{\begin{array}{l}\text{通常の利率（年0.25％として}\\\text{その利息に約定がある場合に}\\\text{は，その利息についての利率}\\\text{を控除した利率）の10分の5}\\\text{に相当する利率による複利の}\\\text{方法で計算した現在の価値}\end{array}\right\} = \left\{\begin{array}{l}\text{特別の経済的}\\\text{利益で借地権}\\\text{の設定等によ}\\\text{る対価とされ}\\\text{る金額}\end{array}\right\}$$

判定

保証金に係る経済的利益の額　　　　　　　土地の価額
(3,000万円－3,000万円× 0.499) ＝1,503万円 ≦1億円× 5／10

保証金に係る特別の経済的利益が土地の価額の10分の5以下のため，単なる債務となります。

(注) 地価もしくは空間について，上下の範囲を定めた借地権もしくは地役権の設定である場合等は，対価として支払いを受ける金額がその土地の価額の4分の1を超えると特別の経済的利益を益金に算入します。

(2) 単なる債務となる場合

上記（1）に該当する場合以外の保証金は，単なる債務となります。

質問のケースは，上記（1）の経済的利益の益金算入となる保証金とならないため，単なる債務として取扱われます。

●地代の税務

1　借主の税務

借主は，支払った地代について損金に算入します。

2　貸主の税務

貸主は，受け取った地代を益金に算入することとなります。

参照法令　▶法令138条　▶法基通13－1－11

第1章 定期借地権設定時の課税

第3節　一時金等の授受がない場合

			借　主	
			個　人	法　人
貸主	個人	通常の地代の授受がある場合	ケース1－3－1－A (67頁)	ケース1－3－3－A (72頁)
		通常の地代より低額の地代の授受がある場合	ケース1－3－1－B (68頁)	ケース1－3－3－B (74頁)
	法人	通常の地代の授受がある場合	ケース1－3－2－A (71頁)	ケース1－3－4－A (76頁)
		通常の地代より低額の地代の授受がある場合		

I-1 借主＝個人，貸主＝個人 通常の地代の授受がある場合

ケース1－3－1－A

Q 私の所有している土地を，個人である第三者に一般定期借地権を設定して賃貸することとなりました。その際の権利金及び地代に対する税金はどうなりますか。

定期借地権の種類	一般定期借地権
土地の時価	1億円
土地の取得価額	2,000万円
地代の年額	年間250万円（権利金・保証金などの一時金等の授受がない場合の通常の地代年250万円）

権利金・保証金の授受はない。

A 借主である個人，貸主である個人ともに借地権設定時の課税はありません。

地代については，貸主である個人は受け取った地代が不動産所得の収入金額として課税され，借主である個人はその土地を業務の用に供している場合に限り，その業務の必要経費に算入されます。

なお，個人間の土地の賃貸借においては地代が認定されることはありません。

● 借地権設定時の税務

1 借主の税務

設定時における課税関係は，特に生じません。

2 貸主の税務

設定時における課税関係は，特に生じません。

第1章　定期借地権設定時の課税

●地代の税務

1　借主の税務

借主は、支払った地代についてその土地を業務の用に供している場合に限りその業務の必要経費に算入します。

2　貸主の税務

貸主は、受け取った地代が不動産所得の収入金額として課税されます。

| 参照法令 | ▶評基通27－3 |

I－2　借主＝個人、貸主＝個人 通常の地代より低額の地代の授受がある場合

ケース1－3－1－B

Q　私の所有している土地を、個人である第三者に一般定期借地権を設定して賃貸することとなりました。その際の権利金および地代に対する税金はどうなりますか。

　定期借地権の種類　　　一般定期借地権
　土地の時価　　　　　　1億円
　土地の取得価額　　　　2,000万円
　地代の年額　　　　　　年間100万円（権利金・保証金などの一時金
　　　　　　　　　　　　等の授受がない場合の通常の地代年250万円）
　権利金・保証金の授受はない。

　借主である個人は、次の算式による金額が、一般定期借地権設定時に借地人に帰属する経済的利益の額とされ、贈与税の課税を受けます。
　　差額地代×設定期間に応じる基準年利率による複利年金現価率
　貸主である個人は借地権設定時の課税はありません。
　地代については、貸主である個人は受け取った地代が不動産所得の収入金額として課税され、借主である個人はその土地を業務の用に供している

場合に限り、その業務の必要経費に算入されます。

なお、個人間の土地の賃貸借においては地代が認定されることはありません。

●借地権設定時の税務

1 借主の税務

定期借地権に対する贈与税の課税

個人間で定期借地権の設定があった場合で他の類似する定期借地権における地代の額にくらべて低額の地代の授受により定期借地権が設定されたときには、通常授受すべき地代と実際に授受している地代の差額から、定期借地権設定時に借地人に帰属する経済的利益を計算し、その額に応じた定期借地権価額に対し借主に贈与税の課税があります。

(注) この事例では、基準年利率を0.25％としていますが、実際の評価に際しては、年数・期間に応じた課税時期の基準利率を適用して計算します。

① 差額地代の計算

差額地代の額は、他の類似した定期借地権における地代の額と実際に授受している地代の額との差額をいいます。また、権利金や保証金等の一時金の授受がある場合は、これらの授受に伴う前払地代に相当する金額を実際に授受している地代に加算して地代が低額かどうかを判定します。

> **判定**
>
> 通常の地代　　実際の地代
> 250万円　　＞　　100万円
>
> 通常授受すべき地代250万円に満たないため、低額の地代であり、差額地代の額は150万円となります。

② 贈与額の計算

差額地代の額に設定期間に応じる基準年利率（0.25％）による複利年金現価率を乗じて得た金額が借地人に帰属する経済的利益の額となります。

（イ）経済的利益の額

差額地代の年額150万円　×　46.946　＝　7,041.9万円

（ロ）定期借地権の相続税評価額

定期借地権の相続税評価額は次の算式により計算します。

$$
\begin{aligned}
&\text{課税時期に} \\
&\text{おける} \\
&\text{自用地価額}
\end{aligned}
\times
\underbrace{\frac{\substack{\text{設定時に借地人に帰属する}\\ \text{経済的利益の総額}}}{\text{設定時におけるその宅地の通常取引価額}}}_{\text{〔設定時の定期借地権割合〕}}
\times
\underbrace{\frac{\substack{\text{課税時期における残存期間年数に}\\ \text{応ずる基準年利率による複利年金}\\ \text{現価率}}}{\substack{\text{設定期間に応ずる基準年利率による複利年金現価率}}}}_{\text{〔定期借地権の逓減率〕}}
$$

$= 8{,}000\text{万円} \times \dfrac{7{,}041.9\text{万円}}{1\text{億円}} \times \dfrac{46.946}{46.946}$

$= 5{,}633.5\text{万円}$

(ハ) 贈与があったとされる金額

　定期借地権設定時の定期借地権の相続税評価額5,633.5万円が贈与税の課税の対象となります。

(注) 基準年利率は，相続，遺贈又は贈与により取得した財産を評価する場合において適用し，平成16年1月1日以降は，年数又は期間に応じ，短期（3年未満），中期（3年以上7年未満）及び長期（7年以上）に区分し，各月ごとに定められています（評基通4-4）。

2　貸主の税務

　貸主には特に課税はありません。

●地代の税務

1　借主の税務

　借主は，支払った地代についてその土地を業務の用に供している場合に限りその業務の必要経費に算入します。

2　貸主の税務

　貸主は，受け取った地代が不動産所得の収入金額として課税されます。

参照法令　▶評基通27-2，27-3

II 借主＝個人，貸主＝法人 通常の地代の授受がある場合

ケース1－3－2－A

Q 当社の所有している土地を，個人である第三者に一般定期借地権を設定して賃貸することとなりました。その際の保証金及び地代に対する税金はどうなりますか。

定期借地権の種類	一般定期借地権
土地の時価	1億円
土地の取得価額	2,000万円
地代の年額	年間250万円（権利金・保証金などの一時金等の授受がない場合の通常の地代年250万円）

権利金・保証金の授受はない。

A 借主である個人，貸主である法人ともに借地権設定時の課税はありません。

地代については，貸主である法人は受け取った地代を益金に算入し，借主である個人はその土地を業務の用に供している場合に限り，その業務の必要経費に算入されます。

●借地権設定時の税務

1 借主の税務

設定時における課税関係は，特に生じません。

2 貸主の税務

設定時における課税関係は，特に生じません。

第1章　定期借地権設定時の課税

●地代の税務

1　借主の税務

借主は，支払った地代についてその土地を業務の用に供している場合に限り，その業務の必要経費に算入されます。

2　貸主の税務

貸主は，受け取った地代を益金に算入することとなります。

参照法令　▶評基通27－3

Ⅲ－1　借主＝法人，貸主＝個人　通常の地代の授受がある場合

ケース1－3－3－A

Q　私の所有している土地を，法人である第三者に一般定期借地権を設定して賃貸することとなりました。その際の権利金及び地代に対する税金はどうなりますか。

　　定期借地権の種類　　　一般定期借地権
　　土地の時価　　　　　　1億円
　　土地の取得価額　　　　2,000万円
　　地代の年額　　　　　　年間250万円（権利金・保証金などの一時金
　　　　　　　　　　　　　等の授受がない場合の通常の地代年250万円）
　　権利金・保証金の授受はない。

借主である個人，貸主である個人ともに借地権設定時の課税はありません。

　地代については，貸主である個人は受け取った地代が不動産所得の収入金額として課税され，借主である法人は損金に算入することとなります。

●借地権設定時の税務

1　借主の税務
設定時における課税関係は，特に生じません。

2　貸主の税務
設定時における課税関係は，特に生じません。

●地代の税務

1　借主の税務
借主は，支払った地代について損金に算入します。

2　貸主の税務
貸主は，受け取った地代が不動産所得の収入金額として課税されます。

参照法令　▶評基通27－3

Ⅲ-2 借主＝法人，貸主＝個人 通常の地代より低額の地代の授受がある場合

ケース1－3－3－B

Q 私の所有している土地を，法人である第三者に一般定期借地権を設定して賃貸することとなりました。その際の権利金及び地代に対する税金はどうなりますか。

定期借地権の種類	一般定期借地権
土地の時価	1億円
土地の取得価額	2,000万円
地代の年額	年間100万円（権利金・保証金などの一時金等の授受がない場合の通常の地代年250万円）

権利金・保証金の授受はない。

A 借主である法人は，次の算式による金額が，一般定期借地権設定時に借地人に帰属する経済的利益の額とされ，受贈益の認定課税を受けます。

差額地代×設定期間に応じる基準年利率による複利年金現価率

貸主である個人は借地権設定時の課税はありません。

地代については，貸主である個人は受け取った地代が不動産所得の収入金額として課税され，借主である法人は損金に算入することとなります。

●借地権設定時の税務

1 借主の税務

定期借地権に対する受贈益の認定課税

貸主個人・借主法人間で定期借地権の設定があった場合で他の類似する定期借地権における地代の額にくらべて低額の地代の授受により定期借地権が設定されたときには，通常授受すべき地代と実際に授受している地代の差額から，定期借地権設定時に借地人に帰属する経済的利益を計算し，その額に応じた定期借地権価額に対し借主である法人に受贈益の認定課税があります。

(注) この事例では，基準年利率を0.25％としていますが，実際の評価に際しては，年数・期間に応じた課税時期の基準利率を適用して計算します。

① 差額地代の計算

　差額地代の額は，他の類似した定期借地権における地代の額と実際に授受している地代の額との差額をいいます。また，権利金や保証金等の一時金の授受がある場合は，これらの授受に伴う前払地代に相当する金額を実際に授受している地代に加算して地代が低額かどうかを判定します。

> **判 定**
>
> 　通常の地代　　実際の地代
> 　250万円　＞　100万円
> 　通常授受すべき地代250万円に満たないため，低額の地代であり，差額地代の額は150万円となります。

② 受贈益の計算

　差額地代の額に設定期間に応じる基準年利率（0.25％）による複利年金現価率を乗じて得た金額が借地人に帰属する経済的利益の額となります。

（イ）経済的利益の額

　差額地代の年額150万円　×　46.946＝　7,041.9万円

（ロ）定期借地権の価額

　定期借地権の価額は次の算式により計算します。

課税時期における土地の時価 × 〔設定時の定期借地権割合〕設定時に借地人に帰属する経済的利益の総額 / 設定時におけるその宅地の通常取引価額 × 〔定期借地権の逓減率〕課税時期における残存期間年数に応ずる基準年利率（0.25％）による複利年金現価率 / 設定期間に応ずる基準年利率（0.25％）による複利年金現価率

＝ 1億円 × 7,041.9万円 / 1億円 × 46.946 / 46.946

＝7,041.9万円

（ハ）受贈益とされる金額

　定期借地権設定時の定期借地権の価額7,041.9万円が受贈益の課税の対象となります。

第1章　定期借地権設定時の課税

(注) 基準年利率は，相続，遺贈又は贈与により取得した財産を評価する場合において適用し，平成16年1月1日以降は，年数又は期間に応じ，短期（3年未満），中期（3年以上7年未満）及び長期（7年以上）に区分し，各月ごとに定められています（評基通4-4）。

2　貸主の税務

貸主には特に課税はありません。

●地代の税務

1　借主の税務

定期借地権の受贈益が認定されるため，借主が支払った地代については適正な地代として損金に算入されます。

2　貸主の税務

貸主は，受け取った地代が不動産所得の収入金額として課税されます。

参照法令　▶評基通27-2，27-3

Ⅳ　借主＝法人，貸主＝法人　通常の地代の授受がある場合

ケース1-3-4-A

当社の所有している土地を，法人である第三者に一般定期借地権を設定して賃貸することとなりました。その際の保証金及び地代に対する税金はどうなりますか。

　　定期借地権の種類　　　一般定期借地権
　　土地の時価　　　　　　1億円
　　土地の取得価額　　　　2,000万円
　　地代の年額　　　　　　年間250万円（権利金・保証金などの一時金
　　　　　　　　　　　　　等の授受がない場合の通常の地代年250万円）。

権利金・保証金の授受はない。

 借主である法人，貸主である法人ともに借地権設定時の課税はありません。

地代については，貸主である法人は受け取った地代を益金に算入し，借主である法人は損金に算入します。

●借地権設定時の税務

1　借主の税務
設定時における課税関係は，特に生じません。

2　貸主の税務
設定時における課税関係は，特に生じません。

●地代の税務

1　借主の税務
借主は，支払った地代について損金に算入します。

2　貸主の税務
貸主は，受け取った地代を益金に算入することとなります。

参照法令　▶評基通27-3

第2章　相続時又は贈与時の定期借地権及び底地の評価

権利金の授受がある場合	保証金の授受がある場合	一時金等の授受がない場合
ケース2－1	ケース2－2	ケース2－3
（78頁）	（81頁）	（85頁）

I　権利金の授受がある場合　定期借地権及び定期借地権の設定されている宅地の評価

ケース2－1

Q　この度父が死亡し，相続税の申告の用意をしていますが，父の財産のなかに定期借地権（第三者である土地所有者と契約）があります。
　この定期借地権の相続税における評価はどのようになるのですか。

　　定期借地権の種類　　　　　　　　一般定期借地権
　　相続の開始時期　　　　　　　　　設定から10年後
　　定期借地権設定時
　　　土地の時価　　　　　　　　　　1億円
　　　授受した権利金　　　　　　　　3,000万円（返還義務なし）
　　　地代の年額　　　　　　　　　　年間60万円
　　相続開始時
　　　土地の時価　　　　　　　　　　1億2,000万円
　　　土地の相続税評価額　　　　　　9,600万円（自用地価額）
　　　財産評価基準書による地区区分　　D（底地割合60％）

A

I 権利金の授受がある場合〈ケース2－1〉

1 定期借地権の評価

定期借地権は，原則として相続開始時（課税時期）において借地権者に帰属する経済的利益及びその存続期間を基として評定した価額によって評価することとなっていますが，課税上弊害がない場合は，次の算式により計算した数値を定期借地権の価額とすることができます。

定期借地権の設定されている宅地の課税時期の自用地価額 × (定期借地権等の設定の時における借地権者に帰属する経済的利益の総額 / 定期借地権等の設定の時におけるその宅地等の通常の取引価額) × (課税時期におけるその借地権等の残存期間年数に応ずる基準年利率による複利年金現価率 / 定期借地権等の設定期間に年数に応ずる基準年利率による複利年金現価率)

(注) この事例では，基準年利率を0.25％としていますが，実際の評価に際しては，年数・期間に応じた課税時期の基準利率を適用して計算します。

定期借地権の設定されている宅地の課税時期の自用地価額……9,600万円

定期借地権等の設定の時における借地権者に帰属する経済的利益の総額……3,000万円（授受した権利金の金額）

定期借地権等の設定の時におけるその宅地等の通常の取引価額……1億円

課税時期におけるその借地権等の残存期間年数に応ずる基準年利率（0.25％）による複利年金現価率……38.020（残存期間40年）

定期借地権等の設定期間に年数に応ずる基準年利率（0.25％）による複利年金現価率……46.946（期間50年）

以上の場合，定期借地権の価額は次のようになります。

$$9,600万円 \times \frac{3,000万円}{1億円} \times \frac{38.020}{46.946} = 2,332.4万円$$

2 定期借地権の設定されている宅地の評価

定期借地権者が底地所有者の親族等でない場合，定期借地権の設定されている宅地の評価は，自用地としての価額から一般定期借地権の価額に相当する金額を控除した金額によって評価します。

(注) この事例では，基準年利率を0.25％としていますが，実際の評価に際しては，年数・期間に応じた課税時期の基準利率を適用して計算します。

一般定期借地権の目的となっている宅地の価額＝

$$\text{自用地とし}\atop\text{ての価額} - \left[{\text{自用地とし}\atop\text{ての価額}} \times (1-\text{底地割合}) \times \frac{\text{課税時期におけるその一般定期借地権の残存期間年数に応ずる基準年利率による複利年金現価率}}{\text{一般定期借地権の設定期間年数に応ずる基準年利率による複利年金現価率}} \right]$$

・自用地としての価額…9,600万円
・底地割合　　　　　…0.6
・課税時期におけるその一般定期借地権の残存期間に応ずる
　基準年利率（0.25％）による複利年金現価率　………38.020
・一般定期借地権の設定期間年数に応ずる基準年利率（0.25％）………46.946
　による複利年金現価率

ですので,
　一般定期借地権の目的となっている宅地の価額

$$= 9{,}600万円 - \left(9{,}600万円 \times \left((1-0.6) \times \frac{38.020}{46.946} \right) \right) = 6{,}490.1万円$$

一般定期借地権の目的となっている宅地の評価額は,6,490.1万円となります。

〈参考〉
　一般定期借地権者が,土地所有者の親族であるなど,課税上弊害がある場合に該当して,財産評価基本通達25（2）により定期借地権の設定されている土地を評価する場合の評価額
　定期借地権の設定されている宅地の評価は,自用地としての価額から定期借地権の価額を控除した金額と次に掲げる定期借地権の残存期間に応じた割合を自用地価額から控除した金額のいずれか低い方の金額によって評価します。
　① 残存期間5年以下のもの　　　　5％
　② 残存期間5年超10年以下のもの　10％
　③ 残存期間10年超15年以下のもの　15％
　④ 残存期間15年超　　　　　　　　20％
したがって,定期借地権の設定されている宅地の価額は,
　（イ）9,600万円－2,332.4万円＝7,267.6万円
　（ロ）9,600万円×（1－0.2）＝7,680万円
のいずれか低い方となります。
　（イ）の方が低いので定期借地権の設定されている宅地の評価額は,7,267.6万円となります。

II 保証金の授受がある場合
定期借地権，定期借地権の設定されている宅地及び保証金の評価

ケース2－2

Q この度父が死亡し，相続税の申告の用意をしていますが，父の財産のなかに定期借地権（第三者である土地所有者と契約）と定期借地権設定の際に支払った保証金があります。

この定期借地権と保証金の相続税における評価はどのようになるのですか。

定期借地権の種類	一般定期借地権
相続の開始時期	設定から10年後
定期借地権設定時	
土地の時価	1億円
授受した保証金	3,000万円（無利息，借地契約終了時に返還）
地代の年額	年間70万円
相続開始時	
土地の時価	1億2,000万円
土地の相続税評価額	9,600万円（自用地価額）
財産評価基準書による地区区分	D（底地割合60％）

A

●借主の税務

1 定期借地権の評価

定期借地権は，原則として相続開始時（課税時期）において借地権者に帰属する経済的利益及びその存続期間を基として評定した価額によって評価することとなっていますが，課税上弊害がない場合は，次の算式により計算した数値を定期借地権の価額とすることができます。

81

第2章 相続時又は贈与時の定期借地権及び底地の評価

(注) この事例では，基準年利率を0.25％としていますが，実際の評価に際しては，年数・期間に応じた課税時期の基準利率を適用して計算します。

$$
\text{定期借地権の設定されている宅地の課税時期の自用地価額} \times \frac{\text{定期借地権等の設定の時における借地権者に帰属する経済的利益の総額}}{\text{定期借地権等の設定の時におけるその宅地等の通常の取引価額}} \times \frac{\text{課税時期におけるその借地権等の残存期間年数に応ずる基準年利率による複利年金現価率}}{\text{定期借地権等の設定期間に年数に応ずる基準年利率による複利年金現価率}}
$$

定期借地権の設定されている宅地の課税時期の自用地価額……9,600万円

定期借地権等の設定の時における借地権者に帰属する経済的利益の総額……= 保証金の金額 − 保証金の金額 × 期間50年の複利現価率
= 3,000万円 − 3,000万円 × 0.883
= 351万円

定期借地権等の設定の時におけるその宅地等の通常の取引価額……1億円

課税時期におけるその借地権等の残存期間年数に応ずる基準年利率（0.25％）による複利年金現価率……38.020（残存期間40年）

定期借地権等の設定期間に年数に応ずる基準年利率（0.25％）による複利年金現価率……46.946（期間50年）

以上の場合，定期借地権の価額は次のようになります。

$$9{,}600\text{万円} \times \frac{351\text{万円}}{1\text{億円}} \times \frac{38.020}{46.946} = 272.9\text{万円}$$

2 保証金の評価

40年後に3,000万円を受け取ることとなりますので，それを現在価値におきなおして評価します。

(注) この事例では，基準年利率を0.25％としていますが，実際の評価に際しては，年数・期間に応じた課税時期の基準利率を適用して計算します。

保証金 × 基準年利率（0.25％）による残存期間に応じた複利現価率 = 3,000万円 × 0.905
= 2,715万円

Ⅱ　保証金の授受がある場合〈ケース2－2〉

●貸主の税務

1　定期借地権の設定されている宅地の評価

　定期借地権者が底地所有者の親族等でない場合，定期借地権の設定されている宅地の評価は，自用地としての価額から一般定期借地権の価額に相当する金額を控除した金額によって評価します。

(注)　この事例では，基準年利率を0.25％としていますが，実際の評価に際しては，年数・期間に応じた課税時期の基準利率を適用して計算します。

　一般定期借地権の目的となっている宅地の価額＝

$$\text{自用地としての価額} - \left[\text{自用地としての価額} \times (1-\text{底地割合}) \times \frac{\text{課税時期におけるその一般定期借地権の残存期間年数に応ずる基準年利率による複利年金現価率}}{\text{一般定期借地権の設定期間年数に応ずる基準年利率による複利年金現価率}}\right]$$

・自用地としての価額…9,600万円
・底地割合　　　　　…0.6
・課税時期におけるその一般定期借地権の残存期間に応ずる
　基準年利率（0.25％）による複利年金現価率　………………38.020
・一般定期借地権の設定期間年数に応ずる基準年利率（0.25％）…………46.946
　による複利年金現価率

ですので，

　一般定期借地権の目的となっている宅地の価額＝

$$9{,}600\text{万円} - \left(9{,}600\text{万円} \times \left((1-0.6) \times \frac{38.020}{46.946}\right)\right) = 6{,}490.1\text{万円}$$

　一般定期借地権の目的となっている宅地の評価額は，6,490.1万円となります。

〈参考〉

　一般定期借地権者が，土地所有者の親族であるなど，課税上弊害がある場合に該当して，財産評価基本通達25（2）により定期借地権の設定されている土地を評価する場合の評価額

　定期借地権の設定されている宅地の評価は，自用地としての価額から定期借地権の価額を控除した金額と次に掲げる定期借地権の残存期間に応じた割合を自用地価額から控除した金額のいずれか低い方の金額によって評価します。

① 残存期間5年以下のもの　　　　　　　　5％
② 残存期間5年超10年以下のもの　　　　　10％
③ 残存期間10年超15年以下のもの　　　　15％
④ 残存期間15年超　　　　　　　　　　　20％

したがって，定期借地権の設定されている宅地の価額は，
　（イ）9,600万円－272.9万円＝9,327.1万円
　（ロ）9,600万円×（1－0.2）＝7,680万円
のいずれか低い方となります。
　（ロ）の方が低いので定期借地権の設定されている宅地の評価額は，7,680万円となります。

2　預り保証金の評価

40年後に3,000万円を支払うこととなりますので，それを現在価値に置き直して評価します。

(注)　この事例では，基準年利率を0.25％としていますが，実際の評価に際しては，年数・期間に応じた課税時期の基準年利率を適用して計算します。

$$預り保証金 \times \frac{基準年利率（0.25\%）による}{残存期間に応じた複利原価率} = 3{,}000万円 \times 0.905$$

$$= 2{,}715万円$$

(注)　基準年利率は，相続，遺贈又は贈与により取得した財産を評価する場合において適用し，平成16年1月1日以降は，年数又は期間に応じ，短期（3年未満），中期（3年以上7年未満）及び長期（7年以上）に区分し，各月ごとに定められています（評基通4－4）。

Ⅲ 一時金等の授受がない場合　定期借地権，定期借地権の設定されている宅地の評価

ケース2－3

Q　この度父が死亡し，相続税の申告の用意をしていますが，父の財産のなかに定期借地権があります。

この定期借地権と保証金の相続税における評価はどのようになるのですか。

定期借地権の種類	一般定期借地権
相続の開始時期	設定から10年後
定期借地権設定時	
土地の時価	1億円
一時金等の授受	なし
地代の年額	年間250万円
相続開始時	
土地の時価	1億2,000万円
土地の相続税評価額	9,600万円（自用地価額）
財産評価基準書による地区区分	D（底地割合60％）

1　定期借地権の評価

　定期借地権は，原則として相続開始時（課税時期）において借地権者に帰属する経済的利益及びその存続期間を基として評定した価額によって評価することとなっていますが，課税上弊害がない場合は，次の算式により計算した数値を定期借地権の価額とすることができます。

（注）この事例では，基準年利率を0.25％としていますが，実際の評価に際しては，年数・期間に応じた課税時期の基準利率を適用して計算します。

定期借地権の設定されている宅地の課税時期の自用地価額 × 定期借地権等の設定の時における借地権者に帰属する経済的利益の総額 / 定期借地権等の設定の時におけるその宅地等の通常の取引価額 × 課税時期におけるその借地権等の残存期間年数に応ずる基準年利率による複利年金現価率 / 定期借地権等の設定期間に年数に応ずる基準年利率による複利年金現価率

定期借地権の設定されている宅地の課税時期の自用地価額 …… 9,600万円

定期借地権等の設定の時における借地権者に帰属する経済的利益の総額 …… 権利金、保証金等の授受がないため借地人に帰属する経済的利益はない

定期借地権等の設定の時におけるその宅地等の通常の取引価額 …… 1億円

課税時期におけるその借地権等の残存期間年数に応ずる基準年利率（0.25%）による複利年金現価率 …… 38.020（残存期間40年）

定期借地権等の設定期間に年数に応ずる基準年利率（0.25%）による複利年金現価率 …… 46.946（期間50年）

以上の場合、定期借地権の価額は次のようになります。

$$9,600万円 \times \frac{0}{1億円} \times \frac{38.020}{46.946} = 0$$

2　定期借地権の設定されている宅地の評価

　定期借地権者が底地所有者の親族等でない場合、定期借地権の設定されている宅地の評価は、自用地としての価額から一般定期借地権の価額に相当する金額を控除した金額によって評価します。

(注) この事例では、基準年利率を0.25%としていますが、実際の評価に際しては、年数・期間に応じた課税時期の基準利率を適用して計算します。

Ⅲ 一時金等の授受がない場合〈ケース2－3〉

一般定期借地権の目的となっている宅地の価額＝

自用地としての価額 － [自用地としての価額 × (1 －底地割合) × $\dfrac{\text{課税時期におけるその一般定期借地権の残存期間年数に応ずる基準年利率による複利年金現価率}}{\text{一般定期借地権の設定期間年数に応ずる基準年利率による複利年金現価率}}$]

・自用地としての価額…9,600万円
・底地割合　　　　　…0.6
・課税時期におけるその一般的借地権の残存期間年数に応ずる基準年利率（0.25％）による複利年金現価率……………38.020
・一般定期借地権の設定期間年数に応ずる基準年利率（0.25％）による複利年金現価率…………46.946

ですので，

一般定期借地権の目的となっている宅地の価額＝

$9,600万円 - \left(9,600万円 \times \left((1-0.6) \times \dfrac{38.020}{46.946}\right)\right) = 6,490.1万円$

一般定期借地権の目的となっている宅地の評価額は，6,490.1万円となります。

(注) 基準年利率は，相続，遺贈又は贈与により取得した財産を評価する場合において適用し，平成16年1月1日以降は，年数又は期間に応じ，短期（3年未満），中期（3年以上7年未満）及び長期（7年以上）に区分し，各月ごとに定められています（評基通4－4）。

〈参考〉

一般定期借地権者が，土地所有者の親族であるなど，課税上弊害がある場合に該当して，財産評価基本通達25（2）により定期借地権の設定されている土地を評価する場合の評価額

定期借地権の設定されている宅地の評価は，自用地としての価額から定期借地権の価額を控除した金額と次に掲げる定期借地権の残存期間に応じた割合を自用地価額から控除した金額のいずれか低い方の金額によって評価します。

① 残存期間5年以下のもの　　　　　5％
② 残存期間5年超10年以下のもの　　10％
③ 残存期間10年超15年以下のもの　 15％
④ 残存期間15年超　　　　　　　　 20％

したがって，定期借地権の設定されている宅地の価額は，

（イ）9,600万円 － 0 ＝9,600万円
（ロ）9,600万円 ×（1－0.2）＝7,680万円

のいずれか低い方となります。
　(ロ) の方が低いので定期借地権の設定されている宅地の評価額は，7,680万円となります。

第❸編

定期借地権・借家権課税の
ワンポイント・アドバイス

第1章　定期借地権課税のワンポイント・アドバイス

I　定期借地権及び定期借地権の設定されている宅地の相続・贈与における評価について

Q　平成4年8月1日に施行された借地借家法によって設けられた定期借地権及び定期借地権の設定されている宅地の相続・贈与における評価の方法は、旧借地法下での借地権及び貸宅地の評価の方法と大きく異なるそうですが、それについて教えてください。

A

　定期借地権は、原則として課税時期において借地権者に帰属する経済的利益及びその存続期間を基として評定した価額によって評価することになっています。

　ただし、課税上弊害がない限り、次の算式により計算した金額によって評価することになっています（財産評価基本通達27-2、27-3）。

$$\text{定期借地権等の目的となっている宅地の課税時期における自用地価額} \times \frac{\text{定期借地権等の設定の時における借地権者に帰属する経済的利益の総額}}{\text{定期借地権等の設定の時におけるその宅地の通常の取引価額}} \times \frac{\text{課税時期におけるその定期借地権等の残存期間年数に応ずる基準年利率による複利年金現価率}}{\text{定期借地権等の設定期間年数に応ずる基準年利率による複利年金現価率}}$$

（注）基準年利率は、相続、遺贈又は贈与により取得した財産を評価する場合において適用し、平成16年1月1日以降は、年数又は期間に応じ、短期（3年未満）、中期（3年以上7年未満）及び長期（7年以上）に区分し、各月ごとに定められています（評基通4-4）。

　次に定期借地権等の目的となっている宅地の評価額は、次のAとBのいずれか低い金額となります。

A　自用地としての価額－定期借地権の価額
B　自用地としての価額－自用地としての価額×定期借地権の残存期間に応ずる割合（注）

(注) 残存期間が5年以下のもの……………100分の5
　　 残存期間が5年を超え10年以下のもの……100分の10
　　 残存期間が10年を超え15年以下のもの……100分の15
　　 残存期間が15年を超えるもの……………100分の20
※ 平成10年1月1日以後に相続，遺贈又は贈与により取得した一般定期借地権の目的となっている宅地の評価については，一般定期借地権の設定等の行為が専ら税負担回避を目的としたものでない場合や一般定期借地権の借地権者が土地所有者の親族等でない場合は，平成10年課評2－8ほか「一般定期借地権の目的となっている宅地の評価に関する取扱いについて」により評価することとなります。「Ⅱ　一般定期借地権の目的となっている宅地の評価」を参照。

(1) 普通借地権の評価の考え方と評価方法

　旧借地法に基づく借地権や借地借家法下の通常の借地権（以下「普通借地権」という。）は，幅広い地域において借地権自体一定の価額をもって取引されています。
　また，借地契約の締結時に権利金その他一時金を支払う慣行が確立され，その地域における借地権割合が形成されています。
　そこで，普通借地権の相続等における評価額は，原則として自用地価額に地域ごとに定めた借地権割合を乗じて計算することになっています。

(2) 定期借地権の評価の考え方と評価方法

　定期借地権は，旧借地法下の借地権や借地借家法下の普通借地権とは違い，
① 一般定期借地権，事業用定期借地権，建物譲渡特約付借地権という3種類の定期借地権があること
② 取引慣行が確立していないので，契約に際して，権利金や保証金などの授受の有無や地代の額について個別性が高く多様な組み合わせが想定されること
等から多種多様な契約が設定されることが予想されます。
　また，借地期間の更新がないこと（一般定期借地権については契約更新しないことを定めることが可能）から借地期間の残存期間の長短によって，それぞれの定期借地権の経済的価値も異なることになります。
　そのため，普通借地権を評価する自用地価額×借地権割合という評価方法は定期借地権の評価にはなじまず，定期借地権については別の評価方法を定めることとなりました。
　定期借地権は，原則として課税時期において借地権者に帰属する経済的利益及びその存続期間を基として評定した価額によって評価することになっています。
　ただし，課税上弊害がない限り，定期借地権の価額は，下記の簡便法により計算することとなっています。

定期借地権等の目的となっている宅地の課税時期における自用地価額 × $\dfrac{\text{定期借地権等の設定の時における借地権者に帰属する経済的利益の総額}}{\text{定期借地権等の設定の時におけるその宅地の通常の取引価額}}$ × $\dfrac{\text{課税時期におけるその定期借地権等の残存期間年数に応ずる基準年利率による複利年金現価率}}{\text{定期借地権等の設定期間年数に応ずる基準年利率による複利年金現価率}}$

(注) 課税上弊害があり簡便法が用いられない場合

　権利金の追加払がある場合や地価水準の上昇に見合った地代の改定が行われないことにより自然発生的な差額地代が明確に生じている場合などは，定期借地権の設定時と課税時期で借地権者に帰属する経済的利益に大きな変化が生じているので簡便法により評価することは適切ではなく，原則的評価方法により評価することとなります。

（3）定期借地権の設定時に借地権者に帰属する経済的利益について

　定期借地権設定時において借地権者に帰属する経済的利益（適正地代と支払地代の乖離＝差額地代）が発生するケースとしては，次の三つが考えられます。

（イ）権利金，協力金，礼金など名称の如何を問わず借地契約終了の時に返還を要しない一時金の支払いに伴う前払地代がある場合

（ロ）保証金，敷金などの名称の如何を問わず借地契約終了の時に返還を必要とするが，無利息又は低利で預託される金銭等に伴う前払地代がある場合

（ハ）実質的に贈与を受けたものと認められる差額地代がある場合

　また，借地権者に帰属する経済的利益の総額は次のように計算します。

(注) この事例では，基準年利率を0.25％としていますが，実際の評価に際しては，年数・期間に応じた課税時期の基準利率を適用して計算します。

① 権利金の授受がある場合の経済的利益の総額

　　経済的利益の総額＝課税時期において支払われるべき金額又は供与すべき財産の金額に相当する金額

　従来から，借地権の設定に際し支払われる権利金の性格には，地代の前払いに当たるという説と借地権そのものの対価であるという説の二つがあります。

　定期借地権の設定に際し，権利金の授受がなされるかどうかは，これから取引慣行が形成されていくので現時点ではわかりませんが，大方の意見では，権利金の授受があったとしても少額にとどまり，その性格は地代の前払的なものであろうとされています。

　このような地代の前払的な権利金の授受がある場合，借地権者に帰属する経済的利益の総額は，課税時期において支払い時期の到来している金銭の額又は所有権の移転の時期の到来している財産の額に相当する金額ということになります。

　通常，借地権の目的となっている土地の引渡しと権利金の授受は同時に行われる

と考えられますので，その際に授受した金銭等の額が経済的利益の総額となります。

具体的計算例

```
定期借地権等の種類………一般定期借地権（設定期間50年）
自用地の価額……………相続税評価額8,000万円
                    通常の取引価額1億円
授受される一時金等………権利金1,600万円（返還不要）
毎年の支払地代…………年間150万円

  経済的利益の総額＝1,600万円

※1  権利金に係る毎年の前払地代の額に相当する金額
         ［期間50年の0.25％
          の年賦償還率］
  1,600万円×0.021＝33.6万円
※2  年間の支払地代
  150万円＋33.6万円＝183.6万円
```

② 保証金の授受がある場合の経済的利益の総額

$$
\begin{aligned}
経済的利益の総額 = &\ \substack{保証金等の\\額に相当す\\る金額} - \overbrace{\left(\substack{保証金等の\\額に相当す\\る金額} \times \substack{定期借地権等の設定期間年\\数に応ずる基準年利率によ\\る複利現価率}\right)}^{[保証金等返済の原資に相当する金額]} \\
& - \overbrace{\left(\substack{保証金等の\\額に相当す\\る金額} \times 約定利率 \times \substack{定期借地権等の設定期間年\\数に応ずる基準年利率によ\\る複利年金現価率}\right)}^{[毎年の支払利息の額の総額]}
\end{aligned}
$$

保証金は，借地人の地代支払債務等を担保する目的で借地権者が地主に預託する金銭で，借地契約終了時には，その全額又は不履行の債務に充当した残額が借地権者に返還されます。

ところで，この保証金には利息を付さないのが一般的で，そのことにより地主が享受する運用益相当額は，借地権者にとっては前払地代としての性格をもつと考えられます。

そこで，この地主が享受する運用益相当額は，権利金と同様に借地権者に帰属する経済的利益として取り扱います。

第1章　定期借地権課税のワンポイント・アドバイス

具体的計算例

定期借地権等の種類………一般定期借地権（設定期間50年）
自用地の価額………………相続税評価額8,000万円
　　　　　　　　　　　　　通常の取引価額1億円
授受される一時金等………保証金1,600万円（約定利率0.05％，借地契約終了時に返還）
毎年の支払地代……………年間180万円

経済的利益の総額 ＝ 1,600万円 － (1,600万円 × 0.883 　)　［期間50年の0.25％複利現価率］

　　　　　　　　　－ (1,600万円 × 0.05％ × 46.946 　)　［約定利率］［期間50年の0.25％複利年金現価率］

　　　　　　　　＝ 149.6万円

※1　保証金に係る毎年の前払地代の額に相当する金額
　　　149.6万円 × 0.021 ＝ 3.1万円　［期間50年の0.25％の年賦償還率］

※2　年間支払地代の額
　　　180万円 ＋ 3.1万円 ＝ 183.1万円

（注）保証金の相続時における評価

　　　定期借地権等の設定に際し保証金等の授受がある場合に，借地権者又は地主に相続が発生した時は，相続税の課税価格の計算において，借地権者は保証金返還請求権の額を債権として，また地主は保証金返還債務を債務として計上しなければなりません。

　　　この場合における債権額又は債務額は次の算式で計算した金額となります。

$$\left(\begin{array}{c}\text{保証金等の}\\ \text{額に相当す}\\ \text{る金額}\end{array} \times \begin{array}{c}\text{定期借地権等の設}\\ \text{定期間年数に応ず}\\ \text{る基準年利率による}\\ \text{複利現価率}\end{array} \right) + \left(\begin{array}{c}\text{保証金等の}\\ \text{額に相当す}\\ \text{る金額}\end{array} \times \text{約定利率} \times \begin{array}{c}\text{定期借地権等の設定}\\ \text{期間年数に応ずる基}\\ \text{準年利率による複利}\\ \text{年金現価率}\end{array} \right)$$

　　　［保証金等返済の原資に相当する金額］　　　［毎年の支払利息の額の総額］

③　地代が低額で設定される場合の経済的利益の総額

　親族間や同族会社とそのオーナー間など特殊関係者間においては，第三者間の正常な取引関係においては起こりえないような実質的に利益供与と認められる低額の

地代で借地契約が締結されることが考えられます。

　この場合には次の算式で計算した金額が定期借地権等の契約設定時において借地権者に帰属する経済的利益の総額となります（また，これに相当する金額が定期借地権等の設定に際し，地主から借地権者が供与を受ける経済的利益の金額となります。）。

　　経済的利益の総額＝差額地代の額×設定期間年数に応ずる基準年利率による複利年金現価率

　実質的に贈与を受けたと認められる差額地代の額がある場合に相当するかどうかは，個々の取引において取引の事情，取引当事者間の関係等を総合勘案して判定することとなります。

　また，差額地代の額とは，同種同様の他の定期借地権等における地代の額（権利金や保証金等の一時金の授受がない場合における地代の額）とその定期借地権等の設定契約において定められた地代の額（権利金，保証金の授受がある場合には，それぞれの経済的利益の総額に定期借地権等の設定期間年数に応ずる基準年利率による年賦償還率を乗じて得た額を地代の前払いに相当する金額として毎年の地代の額に加算した後の額）との差額をいいます。

具体的計算例①

```
契約の当事者…………………親族間
定期借地権等の種類…………一般定期借地権（設定期間50年）
自用地の価額…………………相続税評価額8,000万円　通常の取引価額１億円
授受される一時金等…………なし
毎年の支払地代………………年間100万円
適正な地代……………………年間250万円

経済的利益の総額＝(250万円－100万円)× 46.946　［期間50年の0.25%の複利年金現価率］
　　　　　　　　＝7,041.9万円
```

具体的計算例②

契約の当事者……………親族間
定期借地権等の種類………一般定期借地権（設定期間50年）
自用地の価額……………相続税評価額8,000万円
　　　　　　　　　　　　通常の取引価額1億円
授受される一時金等………権利金200万円（返還不要）
毎年の支払地代……………年間100万円
適正な地代…………………年間250万円

経済的利益の総額 ＝ 200万円 ＋ （250万円 － （100万円 ＋ 200万円 × 0.021 [期間50年の0.25％の年賦償還率] ）） × 46.946 [期間50年の0.25％の複利年金現価率]
　　　　　　　　＝ 7,044.7万円

（4）定期借地権及び定期借地権の設定されている貸宅地の具体的評価計算

(注) この事例では，基準年利率を0.25％としていますが，実際の評価に際しては，年数・期間に応じた課税時期の基準年利率を適用して計算します。

① 権利金の授受がある場合

具体的計算例

下記の内容の定期借地権で課税時期を設定から10年後とし，課税時期の土地の相続税評価額は1億1,000万円，地代は地価の上昇に応じて改定されているものとします。

〔設定契約の内容〕
定期借地権等の種類………一般定期借地権（設定期間50年）
自用地の価額……………相続税評価額8,000万円
　　　　　　　　　　　　通常の取引価額1億円
授受される一時金等………権利金1,600万円（返還不要）
毎年の支払地代……………年間150万円
※　底地割合60％の地域

〔設定時の経済的利益の総額〕

経済的利益の総額＝　1,600万円

─────────────────────────────

〔課税時期の定期借地権の評価額〕

$$1億1,000万円 \times \frac{1,600万円}{1億円} \times \frac{38.020\ \text{［期間40年の0.25％］}\ \text{の複利年金現価率}}{46.946\ \text{［期間50年の0.25％］}\ \text{の複利年金現価率}} = 1,425.3万円$$

〔定期借地権の設定されている貸宅地の評価額〕

$$1億1,000万円 - 1億1,000万円 \times (1-0.6) \times \frac{38.020\ \text{［期間40年の0.25％］}\ \text{の複利年金現価率}}{46.946\ \text{［期間50年の0.25％］}\ \text{の複利年金現価率}} = 7,436.5万円$$

（「底地割合」は$(1-0.6)$の項にかかる）

② 保証金の授受がある場合

具体的計算例

下記の内容の定期借地権で課税時期を設定から10年後とし，課税時期の土地の相続税評価額は1億1,000万円，地代は地価の上昇に応じて改定されているものとします。

〔設定契約の内容〕

定期借地権等の種類………一般定期借地権（設定期間50年）

自用地の価額……………相続税評価額8,000万円
　　　　　　　　　　　　通常の取引価額1億円

授受される一時金等………保証金1,600万円（約定利率0.05％，借地契約終了時に返還）

毎年の支払地代……………年間180万円

※　底地割合60％の地域

〔設定時の経済的利益の総額〕

経済的利益の総額＝1,600万円－(1,600万円× 0.883) ［期間50年の0.25％の複利現価率］

　　　　　　　－(1,600万円×0.05％× 46.946) ［期間50年の0.25％の複利年金現価率］

　　　　　　＝149.6万円

〔課税時期の定期借地権の評価額〕

$$1億1,000万円 \times \frac{149.6万円}{1億円} \times \frac{38.020}{46.946} = 133.2万円$$

（分子：期間40年の0.25％の複利年金現価率、分母：期間50年の0.25％の複利年金現価率）

〔定期借地権の設定されている貸宅地の評価額〕

$$1億1,000万円 - 1億1,000万円 \times (1 - 0.6) \times \frac{38.020}{46.946} = 7,436.5万円$$

（底地割合、分子：期間40年の0.25％の複利年金現価率、分母：期間50年の0.25％の複利年金現価率）

〔保証金返還請求権及び保証金返還債務の金額〕

1,600万円×0.905＋1,600万円×0.05％×38.020＝1,478.4万円

（0.905：期間40年の0.25％の複利現価率、38.020：期間40年の0.25％の複利年金現価率）

③ 地代が低額で設定されている場合

具体的計算例

下記の内容の定期借地権で課税時期を設定から10年後とし，課税時期の土地の相続税評価額は1億1,000万円，地代は地価の上昇に応じて改定されているものとします。

〔設定契約の内容〕
契約の当事者………………親族間
定期借地権等の種類………一般定期借地権（設定期間50年）
自用地の価額………………相続税評価額8,000万円
　　　　　　　　　　　　　　通常の取引価額1億円
授受される一時金等………なし
毎年の支払地代……………年間100万円
適正な地代…………………年間250万円

〔設定時の経済的利益の総額〕

経済的利益の総額＝(250万円－100万円)×46.946　［期間50年の0.25％の複利年金現価率］
　　　　　　　　＝7,041.9万円

〔課税時期の定期借地権の評価額〕

$$1億1,000万円 \times \frac{7,041.9万円}{1億円} \times \frac{38.020}{46.946} = 6,273万円$$

［期間40年の0.25％の複利年金現価率］
［期間50年の0.25％の複利年金現価率］

〔定期借地権の設定されている貸宅地の評価額〕
　（イ）　1億1,000万円－6,273万円＝4,727万円
　（ロ）　1億1,000万円－1億1,000万円×20％＝8,800万円
　（イ）の方が低いので4,727万円

Ⅱ 一般定期借地権の目的となっている宅地の評価

Q 平成11年9月1日以後の相続，贈与で取得した一般定期借地権の目的となっている宅地の評価に関する取扱いについて改正があったと聞きました。それについて教えてください。

A

(1) 個別通達発遣の経緯

平成4年8月1日に施行された借地借家法によって創設された定期借地権の評価については，平成6年課評2－2ほか「財産評価基本通達の一部改正について」によりその評価方法を定めていました。

この通達は，取引等の実態のない中で納税者の便宜のために定められたもので，定期借地権の元的となっている宅地の評価額は，最高でも自用地価額の20％減でした。

しかし，定期借地権制度も創設されて以後，事例も集まって実際の取引を参考にして，商業地や取引慣行のない地域を除きこれまで最高20％減であったのを25％減～45％減とする個別通達が発遣されました（平成10年課評2－8ほか（最終改正平成11年課評2－14ほか）「一般定期借地権の目的となっている宅地の評価に関する取扱いについて」)。

なお，この通達は，「財産評価基準書」において地区区分がA，B及び借地権の取引慣行のない地域とされる地域以外で「一般定期借地権」の目的となっている宅地のみに対して適用され，「建物譲渡特約付借地権」や「事業用定期借地権」の目的となっている宅地や課税上弊害がある場合には適用されません。

適用は平成11年9月1日以後に相続，遺贈又は贈与により取得したものからとなっています。

(2) 一般定期借地権の目的となっている宅地の評価

① 一般定期借地権の設定されている宅地の価額は，次の算式により求めます。

一般定期借地権の目的となっている宅地の価額＝
　　　「自用地としての価格」－「一般定期借地権の価格に相当する金額」

この場合の「一般定期借地権の価格に相当する金額」は，

「自用地としての価格」×（1－底地割合）× $\dfrac{\text{課税時期におけるその一般定期借地権の残存期間年数に応ずる基準年利率による複利年金現価率}}{\text{一般定期借地権の設定期間年数に応ずる基準年利率による複利年金現価率}}$

となります。

(注) 基準年利率は，相続，遺贈又は贈与により取得した財産を評価する場合において適用し，平成16年1月1日以降は，年数又は期間に応じ，短期（3年未満），中期（3年以上7年未満）及び長期（7年以上）に区分し，各月ごとに定められています（評基通4－4）。

また，上記算式にある底地割合は，次表の数値を用います。

	借地権割合		底地割合
地域区分	路線価図	評価倍率表	
	C	70%	55%
	D	60%	60%
	E	50%	65%
	F	40%	70%
	G	30%	75%

② 一般定期借地権の価格に相当する金額は，一般定期借地権の目的となっている宅地の価額を計算する場合にのみ適用するのであって，定期借地権の評価には適用しません。定期借地権の評価は，従来どおり，財産評価基本通達27－2により評価します。

(3) この通達を適用できない課税上弊害がある場合

① 最後に，この通達を適用できない「課税上弊害がある場合」について説明します。

「課税上弊害がない場合」とは，一般定期借地権の設定等の行為が専ら税負担回避を目的としたものでない場合をいうほか，この通達の定めによって評価することが著しく不適当と認められることのない場合をいい，個々の設定等についての事情，取引当事者間の関係等を総合勘案してその有無を判定することに留意することとなっています。

なお，一般定期借地権の借地権者が次に掲げる者に該当する場合には，「課税上弊害がある場合」に該当するものとされています。

（イ）一般定期借地権者の借地権設定者（以下「借地権設定者」といいます。）の親族
　（ロ）借地権設定者とまだ婚姻の届出をしていないが事実上婚姻関係と同様の事情にある者及びその親族でその者と生計を一にしているもの
　（ハ）借地権設定者の使用人及び使用人以外の者で借地権設定者から受ける金銭その他の財産によって生計を維持しているもの並びにこれらの者の親族でこれらの者と生計を一にしているもの
　（ニ）借地権設定者が法人税法（昭和40年法律34号）2条《定義》15号に規定する「役員」（以下「会社役員」といいます。）となっている会社
　（ホ）借地権設定者，その親族，上記（ロ）及び（ハ）に掲げる者並びにこれらの者と法人税法2条《定義》10号に規定する政令で定める特殊の関係にある法人を判定の基礎とした場合に同号に規定する同族会社に該当する法人
　（ヘ）上記（ニ）及び（ホ）に掲げる法人の会社役員又は使用人
　（ト）借地権設定者が，借地借家法15条《自己借地権》の規定により，自ら一般定期借地権を有することとなる場合の借地権設定者
② 定期借地権や普通借地権が設定されている土地については，定期借地権や普通借地権の権利の大きさを考慮した評価をすべきであり，自用地価額＝借地権価額＋底地価額となるのが本来といえます。

　しかし，この通達では，定期借地権の権利の大きさに関係なく「底地割合」を定めていますので，自用地価額＝借地権価額＋底地価額とはなりません。

　例えば，一般定期借地権者が底地所有者の相続人であって，相続により底地を取得した場合，相続により一般定期借地権は消滅し，その土地の完全所有権を取得することとなりますが，自用地価額≠借地権価額＋底地価額であれば，公正な課税が行われないこととなります。

　このようなことを考慮して，底地所有者が一般定期借地権の借地権設定者の親族等の場合は，「課税上弊害がある場合」に該当するものとして，この通達による評価はできないものとされています。

Ⅲ 定期借地権の設定された土地の物納

定期借地権の設定されている土地を物納できるのか教えてください。

一般定期借地権及び事業用定期借地権で一定の要件を備えている場合は物納できます。

(1) 物納できる定期借地権の種類

借地借家法第22条の規定に基づく定期借地権……一般定期借地権と借地借家法23条の規定に基づく事業用定期借地権のうち，相続税法施行令18条，同法施行規則21条で管理処分不適格とされないものです。

借地期間が始まった日から30年以上経った日に借地上の建物を地主が借地人から相当の対価で取得することという建物譲渡特約のついた借地権が設定された土地は，収納時点で国が将来の債務（建物の譲受け）を負担することとなるため，収納不適当な財産とされています。

(2) 管理または処分の適否の判定で適当と認められた定期借地権とは

不動産として見た場合に次のような収納に不適当とされる項目に該当しないことが求められます。

① 担保権の設定の登記がされていること，その他これに準ずる事情がある不動産
　（イ）抵当権の目的となっている不動産
　（ロ）譲渡により担保の目的となっている不動産
　（ハ）差押えがされている不動産
　（ニ）買戻しの特約が付されている不動産
　（ホ）その他処分の制限がされている不動産
② 権利の帰属について争いがある不動産
　（イ）所有権の存否又は帰属について争いがある不動産
　（ロ）地上権，永小作権，賃借権その他の所有権以外の使用及び収益を目的とする権利の存否又は帰属について争いがある不動産
③ 境界が明らかでない土地

(イ) 境界標の設置（隣地の所有者との間の合意に基づくものに限る。）がされていないことにより，他の土地との境界を認識することができない土地（ただし，申請される財産の取引（売買）において，通常行われる境界の確認方法により境界が確認できるものを除く。）
(ロ) 土地使用収益権（地上権，賃借権等）が設定されている土地の範囲が明確ではない土地
④ 隣接する不動産の所有者，その他の者との争訟によらなければ通常の使用ができないと見込まれる不動産
(イ) 隣接地に存する建物等が境界線を越える当該土地（ひさし等で軽微な越境の場合で，隣接する不動産の所有者の同意があるものを除く。）
(ロ) 物納財産である土地に存する建物等が隣接地との境界線を越える当該土地（ひさし等で軽微な越境の場合で，隣接する不動産の所有者の同意があるものを除く。）
(ハ) 土地使用収益権の設定契約の内容が設定者にとって著しく不利な当該土地
(ニ) 建物の使用・収益をする契約の内容が設定者にとって著しく不利な当該建物
(ホ) 賃貸料の滞納がある不動産その他収納後の円滑な契約の履行に著しい支障を及ぼす事情が存すると見込まれる不動産
(ヘ) その敷地を通常の地代により国が借り受けられる見込みのない土地上の建物
⑤ 他の土地に囲まれて公道に通じない土地で民法210条の規定による通行権の内容が明確でないもの
⑥ 借地権の目的となっている土地で，当該借地権を有する者が不明であること，その他これに類する事情のあるもの
⑦ 他の不動産（他の不動産の上に存する権利を含む。）と社会通念上一体として利用されている不動産若しくは利用されるべき不動産又は二以上の者の共有に属する不動産
(イ) 共有物である不動産（共有者全員が申請する場合を除く。）
(ロ) がけ地，面積が著しく狭い土地または形状が著しく不整形である土地でこれらのみでは使用することが困難な土地
(ハ) 私道の用に供されている土地（他の申請財産と一体として使用されるものを除く。）
(ニ) 敷地とともに物納申請がされている建物以外の建物（借地権が設定されて

いるものを除く。）
　（ホ）他の不動産と一体となってその効用を有する不動産
⑧　耐用年数（所得税法の規定に基づいて定められている耐用年数をいう。）を経過している建物
⑨　敷金の返還に係る債務，その他の債務を国が負担することとなる不動産（申請者において清算することを確認できる場合を除く。）
　（イ）敷金その他の財産の返還に係る義務を国が負うこととなる不動産
　（ロ）土地区画整理事業等が施行されている場合において，収納の時までに発生した土地区画整理法の規定による賦課金，その他これに類する債務を国が負うこととなる不動産
　（ハ）土地区画整理事業等の清算金の授受の義務を国が負うこととなる不動産
⑩　管理又は処分を行うために要する費用の額がその収納価額と比較して過大となると見込まれる不動産
　（イ）土壌汚染対策法に規定する特定有害物質，その他これに類する有害物質により汚染されている不動産
　（ロ）廃棄物の処理及び清掃に関する法律に規定する廃棄物その他の物で除去しなければ通常の使用ができないものが地下にある不動産
　（ハ）農地法の規定による許可を受けずに転用されている土地
　（ニ）土留等の設置，護岸の建設，その他の現状を維持するための工事が必要となる不動産
⑪　公の秩序又は善良の風俗を害するおそれのある目的に使用されている不動産，その他社会通念上適切でないと認められる目的に使用されている不動産
　（イ）風俗営業等の規制及び業務の適正化等に関する法律に規定する風俗営業又は性風俗関連特殊営業の用に供されている不動産
　（ロ）暴力団員による不当な行為の防止等に関する法律の規定する暴力団の事務所，その他これに類する施設の用に供されている不動産
⑫　引渡しに際して通常必要とされている行為がされていない不動産（①に掲げるものを除く。）
　（イ）物納財産である土地の上の建物が既に滅失している場合において，当該建物の滅失の登記がされていない土地
　（ロ）廃棄物の処理及び清掃に関する法律に規定する廃棄物，その他の物が除去されていない土地

Ⅳ 優良住宅地の造成等のために土地等を譲渡した場合の軽減税率の特例等に係る一団の宅地の面積要件等の判定における定期借地権の取扱い

Q 大規模な宅地開発に協力するため所有地の一部を譲渡し，一部は定期借地権を設定することを考えています。

優良住宅地の造成等のために土地等を譲渡した場合に軽減税率の特例等を受けるためには，一団の宅地の面積要件，住宅の戸数要件がありますが，譲渡する土地だけでは要件を満たさず，定期借地権設定地を含めると要件を満たします。

この場合は軽減税率が適用できるのでしょうか。

A 優良住宅地の造成等のために土地等を譲渡した場合の軽減税率の特例等に係る一団の宅地の面積要件等の判定において，面積要件，住宅の戸数要件については定期借地権設定地も含めて判定しても良いことになっています。

ご質問の件については平成9年3月21日付で建設省（現国土交通省）から国税庁あての照会がなされ，平成9年4月1日付で国税庁長官から，一団の宅地の面積要件，住宅の戸数要件については定期借地権設定地も含めて判定しても良い旨の回答がなされています（平成9年課資3－6ほか）。

平成3年に改正された借地借家法で新たに設けられた「一般定期借地権」や「建物譲渡特約付借地権」を活用し，優良な住宅・宅地を供給していくという政策を税の面でサポートするものとなっています。

Ⅴ　定期借地権付住宅の購入と住宅ローン控除

Q　新築の定期借地権付建売住宅の購入資金に充てるために借り入れた借入金には，定期借地権の保証金の支払いに充てることとなる部分が含まれることになりますが，このような部分についても住宅借入金等特別控除の対象となりますか。

A

　定期借地権の設定時における保証金の額とその保証金の設定時における返還請求権の価額との差額に相当する借入金は住宅借入金等特別控除の対象となります。

　住宅借入金等特別控除の適用対象となる住宅借入金等には，家屋の新築又は購入とともにする家屋の敷地の購入に要する資金に充てるための借入金又は購入の対価に係る債務で一定のものが含まれることとされています。通常，定期借地権を設定する場合には，地主に対して権利金を支払う場合と，保証金等（保証金，敷金などその名称のいかんを問わず借地契約の終了の時に返還を要するものとされる金銭等をいいます。）を支払う場合があり，それぞれの場合について，その支払いに充てるために借り入れた借入金又はその支払対価に係る債務を有するときの，住宅借入金等特別控除の適用は次のとおりとなります。

(注)　次の（1）及び（2）のいずれの借入金又は債務についても，償還期間又は賦払期間が10年以上であるなど一定の要件を満たしている必要があります。

(1) 権利金等を支払う場合

　権利金は，定期借地権の取得の対価として地主に支払うものですから，その支払いに充てるために借り入れた借入金又はその支払対価に係る債務は，適用の対象となります。

(2) 保証金等を支払う場合

　保証金等は，地主に対する単なる預託金で定期借地権の取得の対価とはいえませんが，その経済的効果から，定期借地権の設定時における保証金等の額とその保証金等の設定時における返還請求権の価額との差額については，定期借地権の取得の対価に該当するものとして，その差額に係る借入金又は債務は，適用対象とするこ

とができます。

　そこで，定期借地権等の設定に際し，借地権者から借地権設定者に対し，保証金等の預託があった場合において，借地権設定者につきその保証金等に対して一定の基準年利率未満の利率による利率の支払いがあるとき又は支払うべき利息がないときには，次の算式により計算した金額が定期借地権の取得の対価に当たるものとされます（措通（所得税関係）41－28）。

　保証金等の額に相当する金額（A）－［A×定期借地権等の設定期間年数に応じる
　　基準年利率の複利現価率（B）］－［A×約定利率×B］

（注）この事例では，基準年利率を0.25％としていますが，実際の評価に際しては，年数・期間に応じた課税時期の基準利率を適用して計算します。

具体的計算例

・保証金3,000万円，設定期間50年の一般定期借地権で保証金は借地契約終了時に無利息（約定利率0）で返還される場合

（保証金等の金額）　（残存年数50年に応じる年0.25％の複利現価率）
3,000万円　×　0.883　＝　2,649万円

（保証金等の金額）　（返還請求権の価額）　（適用対象金額）
3,000万円　－　2,649万円　＝351万円

（注）基準年利率について，住宅借入金等特別控除については，当該年度の1月1日の基準年利率を用いるものとされています。

Ⅵ 基準年利率について

Q 定期借地権の評価における基準年利率について教えてください。

A

　基準年利率とは，財産評価基本通達において採用されている年利率であり，平成16年1月1日以後に相続，遺贈又は贈与により取得したものの評価については，年数又は期間に応じ，日本証券業協会において売買参考統計値が公表される利付国債に係る複利利回りを基に計算した，短期（3年未満），中期（3年以上7年未満），及び長期（7年以上）に区分し，各月ごとに定められた利率を用います。

　財産基本通達において，将来生ずべき収益力等に応じて8％又は6％の利率を適用して複利現価等の算式により課税時期の現在価値を評価することとされていました。

　この8％の利率は，通達制定時にそれまでの取扱い等を踏まえて定められたものであり，他方，6％の利率は，平成6年当時において過去10年間における長期プライムレートと長期国債の応募者利回りの平均が概ね6％であったことから，平成6年に定期借地権等の評価方法を定めるにあたり，定期借地権の設定時における借地権者に帰属する経済的利益を算定するために定められたものです。

　しかし，近時の超低金利時代を背景に，平成11年度税制改正において，利子税や延滞税について金利変動に対応した調整措置が図られる一方，基準年利率についても平成16年に抜本的な見直しがなされました。

○平成29年分基準年利率（平成29年課評2－20（最終改正　平成30年課評2－3））

（単位：%）

区分	年数又は期間	平成29年1月	2月	3月	4月	5月	6月	7月	8月	9月	10月	11月	12月
短期	1年	0.01	0.01	0.01	0.01	0.01	0.01	0.01	0.01	0.01	0.01	0.01	0.01
	2年												
中期	3年	0.01	0.01	0.01	0.01	0.01	0.01	0.01	0.01	0.01	0.01	0.01	0.01
	4年												
	5年												
	6年												
長期	7年以上	0.25	0.25	0.25	0.25	0.25	0.25	0.25	0.25	0.1	0.25	0.25	0.25

（注）課税時期の属する月の年数又は期間に応ずる基準年利率を用いることに留意してください。

○平成28年分基準年利率（平成28年課評2－25（最終改正　平成29年課評2－3））

（単位：%）

区分	年数又は期間	平成28年1月	2月	3月	4月	5月	6月	7月	8月	9月	10月	11月	12月
短期	1年	0.01	0.01	0.01	0.05	0.01	0.01	0.01	0.01	0.01	0.01	0.01	0.01
	2年												
中期	3年	0.01	0.01	0.01	0.01	0.01	0.01	0.01	0.01	0.01	0.01	0.01	0.01
	4年												
	5年												
	6年												
長期	7年以上	0.5	0.25	0.1	0.05	0.01	0.01	0.01	0.01	0.05	0.05	0.05	0.1

（注）課税時期の属する月の年数又は期間に応ずる基準年利率を用いることに留意してください。

第1章 定期借地権課税のワンポイント・アドバイス

〔参考１〕

この複利表は，課税時期の属する月が平成29年１～８月・10～12月の場合に適用されます。

複　利　表（平成29年１～８・10～12月分）

区分	年数	年0.01％の複利年金現価率	年0.01％の複利現価率	年0.01％の年賦償還率	年1.5％の複利終価率	区分	年数	年0.25％の複利年金現価率	年0.25％の複利現価率	年0.25％の年賦償還率	年1.5％の複利終価率
短期	1	1.000	1.000	1.000	1.015		36	34.386	0.914	0.029	1.709
	2	2.000	1.000	0.500	1.030		37	35.298	0.912	0.029	1.734
							38	36.208	0.909	0.028	1.760
区分	年数	年0.01％の複利年金現価率	年0.01％の複利現価率	年0.01％の年賦償還率	年1.5％の複利終価率		39	37.115	0.907	0.027	1.787
							40	38.020	0.905	0.026	1.814
中期	3	2.999	1.000	0.333	1.045						
	4	3.999	1.000	0.250	1.061		41	38.923	0.903	0.026	1.841
	5	4.999	1.000	0.200	1.077		42	39.823	0.900	0.025	1.868
	6	5.998	0.999	0.167	1.093		43	40.721	0.898	0.025	1.896
							44	41.617	0.896	0.024	1.925
区分	年数	年0.25％の複利年金現価率	年0.25％の複利現価率	年0.25％の年賦償還率	年1.5％の複利終価率		45	42.511	0.894	0.024	1.954
	7	6.931	0.983	0.144	1.109		46	43.402	0.891	0.023	1.983
	8	7.911	0.980	0.126	1.126		47	44.292	0.889	0.023	2.013
	9	8.889	0.978	0.113	1.143		48	45.179	0.887	0.022	2.043
	10	9.864	0.975	0.101	1.160		49	46.064	0.885	0.022	2.074
							50	46.946	0.883	0.021	2.105
	11	10.837	0.973	0.092	1.177						
	12	11.807	0.970	0.085	1.195		51	47.827	0.880	0.021	2.136
	13	12.775	0.968	0.078	1.213	長	52	48.705	0.878	0.021	2.168
	14	13.741	0.966	0.073	1.231		53	49.581	0.876	0.020	2.201
	15	14.704	0.963	0.068	1.250		54	50.455	0.874	0.020	2.234
							55	51.326	0.872	0.019	2.267
	16	15.665	0.961	0.064	1.268						
	17	16.623	0.958	0.060	1.288		56	52.196	0.870	0.019	2.301
長	18	17.580	0.956	0.057	1.307		57	53.063	0.867	0.019	2.336
	19	18.533	0.954	0.054	1.326	期	58	53.928	0.865	0.019	2.371
	20	19.484	0.951	0.051	1.346		59	54.791	0.863	0.018	2.407
							60	55.652	0.861	0.018	2.443
	21	20.433	0.949	0.049	1.367						
期	22	21.380	0.947	0.047	1.387		61	56.511	0.859	0.018	2.479
	23	22.324	0.944	0.045	1.408		62	57.368	0.857	0.017	2.517
	24	23.266	0.942	0.043	1.429		63	58.222	0.854	0.017	2.554
	25	24.205	0.939	0.041	1.450		64	59.074	0.852	0.017	2.593
							65	59.925	0.850	0.017	2.632
	26	25.143	0.937	0.040	1.472						
	27	26.077	0.935	0.038	1.494		66	60.773	0.848	0.016	2.671
	28	27.010	0.932	0.037	1.517		67	61.619	0.846	0.016	2.711
	29	27.940	0.930	0.036	1.539		68	62.462	0.844	0.016	2.752
	30	28.868	0.928	0.035	1.563		69	63.304	0.842	0.016	2.793
							70	64.144	0.840	0.016	2.835
	31	29.793	0.926	0.034	1.586						
	32	30.717	0.923	0.033	1.610						
	33	31.638	0.921	0.032	1.634						
	34	32.556	0.919	0.031	1.658						
	35	33.472	0.916	0.030	1.683						

（注）1　複利年金現価率，複利現価率及び年賦償還率は小数点以下第４位を四捨五入により，複利終価率は小数点以下第４位を切捨てにより作成している。

2　複利年金現価率は，定期借地権等，著作権，営業権，鉱業権等の評価に使用する。

3　複利現価率は，定期借地権等の評価における経済的利益（保証金等によるもの）の計算並びに特許権，信託受益権，清算中の会社の株式及び無利息債務等の評価に使用する。

4　年賦償還率は，定期借地権等の評価における経済的利益（差額地代）の計算に使用する。

5　複利終価率は，標準伐期齢を超える立木の評価に使用する。

第1章 定期借地権課税のワンポイント・アドバイス

〔参考2〕

この複利表は,課税時期の属する月が平成29年9月の場合に適用されます。

複　利　表（平成29年9月分）

区分	年数	年0.01%の複利年金現価率	年0.01%の複利現価率	年0.01%の年賦償還率	年1.5%の複利終価率	区分	年数	年0.1%の複利年金現価率	年0.1%の複利現価率	年0.1%の年賦償還率	年1.5%の複利終価率
短期	1	1.000	1.000	1.000	1.015		36	35.342	0.965	0.028	1.709
	2	2.000	1.000	0.500	1.030		37	36.306	0.964	0.028	1.734
区分	年数	年0.01%の複利年金現価率	年0.01%の複利現価率	年0.01%の年賦償還率	年1.5%の複利終価率		38	37.269	0.963	0.027	1.760
中期	3	2.999	1.000	0.333	1.045		39	38.231	0.962	0.026	1.787
	4	3.999	1.000	0.250	1.061		40	39.191	0.961	0.026	1.814
	5	4.999	1.000	0.200	1.077		41	40.151	0.960	0.025	1.841
	6	5.998	0.999	0.167	1.093		42	41.110	0.959	0.024	1.868
区分	年数	年0.1%の複利年金現価率	年0.1%の複利現価率	年0.1%の年賦償還率	年1.5%の複利終価率		43	42.068	0.958	0.024	1.896
	7	6.972	0.993	0.143	1.109		44	43.025	0.957	0.023	1.925
	8	7.964	0.992	0.126	1.126		45	43.981	0.956	0.023	1.954
	9	8.955	0.991	0.112	1.143		46	44.936	0.955	0.022	1.983
	10	9.945	0.990	0.101	1.160		47	45.890	0.954	0.022	2.013
	11	10.934	0.989	0.091	1.177		48	46.843	0.953	0.021	2.043
	12	11.922	0.988	0.084	1.195		49	47.796	0.952	0.021	2.074
	13	12.909	0.987	0.077	1.213	長期	50	48.747	0.951	0.021	2.105
	14	13.896	0.986	0.072	1.231		51	49.697	0.950	0.020	2.136
	15	14.881	0.985	0.067	1.250		52	50.646	0.949	0.020	2.168
	16	15.865	0.984	0.063	1.268		53	51.595	0.948	0.019	2.201
	17	16.848	0.983	0.059	1.288		54	52.542	0.947	0.019	2.234
長期	18	17.830	0.982	0.056	1.307		55	53.489	0.947	0.019	2.267
	19	18.811	0.981	0.053	1.326		56	54.434	0.946	0.018	2.301
	20	19.792	0.980	0.051	1.346	長期	57	55.379	0.945	0.018	2.336
	21	20.771	0.979	0.048	1.367		58	56.323	0.944	0.018	2.371
	22	21.749	0.978	0.046	1.387		59	57.265	0.943	0.017	2.407
	23	22.726	0.977	0.044	1.408		60	58.207	0.942	0.017	2.443
長期	24	23.703	0.976	0.042	1.429		61	59.148	0.941	0.017	2.479
	25	24.678	0.975	0.041	1.450		62	60.088	0.940	0.017	2.517
	26	25.652	0.974	0.039	1.472		63	61.027	0.939	0.016	2.554
	27	26.626	0.973	0.038	1.494		64	61.965	0.938	0.016	2.593
	28	27.598	0.972	0.036	1.517		65	62.902	0.937	0.016	2.632
	29	28.569	0.971	0.035	1.539		66	63.838	0.936	0.016	2.671
	30	29.540	0.970	0.034	1.563		67	64.773	0.935	0.015	2.711
	31	30.509	0.969	0.033	1.586		68	65.708	0.934	0.015	2.752
	32	31.478	0.969	0.032	1.610		69	66.641	0.933	0.015	2.793
	33	32.445	0.968	0.031	1.634		70	67.574	0.932	0.015	2.835
	34	33.412	0.967	0.030	1.658						
	35	34.378	0.966	0.029	1.683						

(注) 1　複利年金現価率,複利現価率及び年賦償還率は小数点以下第4位を四捨五入により,複利終価率は小数点以下第4位を切捨てにより作成している。

　　 2　複利年金現価率は,定期借地権等,著作権,営業権,鉱業権等の評価に使用する。

　　 3　複利現価率は,定期借地権等の評価における経済的利益(保証金等によるもの)の計算並びに特許権,信託受益権,清算中の会社の株式及び無利息債務等の評価に使用する。

　　 4　年賦償還率は,定期借地権等の評価における経済的利益(差額地代)の計算に使用する。

　　 5　複利終価率は,標準伐期齢を超える立木の評価に使用する。

第1章 定期借地権課税のワンポイント・アドバイス

〔参考3〕
この複利表は、課税時期の属する月が平成28年1月の場合に適用されます。

複 利 表 （平成28年1月分）

区分	年数	年0.01%の複利年金現価率	年0.01%の複利現価率	年0.01%の年賦償還率	年2%の複利終価率	区分	年数	年0.5%の複利年金現価率	年0.5%の複利現価率	年0.5%の年賦償還率	年2%の複利終価率
短期	1	1.000	1.000	1.000	1.020		36	32.871	0.836	0.030	2.039
	2	2.000	1.000	0.500	1.040		37	33.703	0.831	0.030	2.080
区分	年数	年0.01%の複利年金現価率	年0.01%の複利現価率	年0.01%の年賦償還率	年2%の複利終価率		38	34.530	0.827	0.029	2.122
	3	2.999	1.000	0.333	1.061		39	35.353	0.823	0.028	2.164
中期	4	3.999	1.000	0.250	1.082		40	36.172	0.819	0.028	2.208
	5	4.999	1.000	0.200	1.104		41	36.987	0.815	0.027	2.252
	6	5.998	0.999	0.167	1.126		42	37.798	0.811	0.026	2.297
区分	年数	年0.5%の複利年金現価率	年0.5%の複利現価率	年0.5%の年賦償還率	年2%の複利終価率		43	38.605	0.807	0.026	2.343
							44	39.408	0.803	0.025	2.390
							45	40.207	0.799	0.025	2.437
	7	6.862	0.966	0.146	1.148		46	41.002	0.795	0.024	2.486
	8	7.823	0.961	0.128	1.171		47	41.793	0.791	0.024	2.536
	9	8.779	0.956	0.114	1.195		48	42.580	0.787	0.023	2.587
	10	9.730	0.951	0.103	1.218		49	43.364	0.783	0.023	2.638
							50	44.143	0.779	0.023	2.691
	11	10.677	0.947	0.094	1.243						
	12	11.619	0.942	0.086	1.268		51	44.918	0.775	0.022	2.745
	13	12.556	0.937	0.080	1.293	長	52	45.690	0.772	0.022	2.800
	14	13.489	0.933	0.074	1.319		53	46.457	0.768	0.022	2.856
	15	14.417	0.928	0.069	1.345		54	47.221	0.764	0.021	2.913
							55	47.981	0.760	0.021	2.971
	16	15.340	0.923	0.065	1.372						
	17	16.259	0.919	0.062	1.400		56	48.738	0.756	0.021	3.031
長	18	17.173	0.914	0.058	1.428		57	49.490	0.753	0.020	3.091
	19	18.082	0.910	0.055	1.456	期	58	50.239	0.749	0.020	3.153
	20	18.987	0.905	0.053	1.485		59	50.984	0.745	0.020	3.216
							60	51.726	0.741	0.019	3.281
	21	19.888	0.901	0.050	1.515						
期	22	20.784	0.896	0.048	1.545		61	52.463	0.738	0.019	3.346
	23	21.676	0.892	0.046	1.576		62	53.197	0.734	0.019	3.413
	24	22.563	0.887	0.044	1.608		63	53.928	0.730	0.019	3.481
	25	23.446	0.883	0.043	1.640		64	54.654	0.727	0.018	3.551
							65	55.377	0.723	0.018	3.622
	26	24.324	0.878	0.041	1.673						
	27	25.198	0.874	0.040	1.706		66	56.097	0.720	0.018	3.694
	28	26.068	0.870	0.038	1.741		67	56.813	0.716	0.018	3.768
	29	26.933	0.865	0.037	1.775		68	57.525	0.712	0.017	3.844
	30	27.794	0.861	0.036	1.811		69	58.234	0.709	0.017	3.921
							70	58.939	0.705	0.017	3.999
	31	28.651	0.857	0.035	1.847						
	32	29.503	0.852	0.034	1.884						
	33	30.352	0.848	0.033	1.922						
	34	31.196	0.844	0.032	1.960						
	35	32.035	0.840	0.031	1.999						

（注）1 複利年金現価率、複利現価率及び年賦償還率は小数点以下第4位を四捨五入により、複利終価率は小数点以下第4位を切捨てにより作成している。
   2 複利年金現価率は、定期借地権等、著作権、営業権、鉱業権等の評価に使用する。
   3 複利現価率は、定期借地権等の評価における経済的利益（保証金等によるもの）の計算並びに特許権、信託受益権、清算中の会社の株式及び無利息債務等の評価に使用する。
   4 年賦償還率は、定期借地権等の評価における経済的利益（差額地代）の計算に使用する。
   5 複利終価率は、標準伐期齢を超える立木の評価に使用する。

〔参考4〕
この複利表は，課税時期の属する月が平成28年2月の場合に適用されます。

複 利 表 （平成28年2月分）

区分	年数	年0.01%の複利年金現価率	年0.01%の複利現価率	年0.01%の年賦償還率	年2%の複利終価率	区分	年数	年0.25%の複利年金現価率	年0.25%の複利現価率	年0.25%の年賦償還率	年2%の複利終価率
短期	1	1.000	1.000	1.000	1.020		36	34.386	0.914	0.029	2.039
	2	2.000	1.000	0.500	1.040		37	35.298	0.912	0.028	2.080
区分	年数	年0.01%の複利年金現価率	年0.01%の複利現価率	年0.01%の年賦償還率	年2%の複利終価率		38	36.208	0.909	0.028	2.122
							39	37.115	0.907	0.027	2.164
							40	38.020	0.905	0.026	2.208
中期	3	2.999	1.000	0.333	1.061						
	4	3.999	1.000	0.250	1.082		41	38.923	0.903	0.026	2.252
	5	4.999	1.000	0.200	1.104		42	39.823	0.900	0.025	2.297
	6	5.998	0.999	0.167	1.126		43	40.721	0.898	0.025	2.343
							44	41.617	0.896	0.024	2.390
区分	年数	年0.25%の複利年金現価率	年0.25%の複利現価率	年0.25%の年賦償還率	年2%の複利終価率		45	42.511	0.894	0.024	2.437
	7	6.931	0.983	0.144	1.148		46	43.402	0.891	0.023	2.486
	8	7.911	0.980	0.126	1.171		47	44.292	0.889	0.023	2.536
	9	8.889	0.978	0.113	1.195		48	45.179	0.887	0.022	2.587
	10	9.864	0.975	0.101	1.218		49	46.064	0.885	0.022	2.638
							50	46.946	0.883	0.021	2.691
	11	10.837	0.973	0.092	1.243						
	12	11.807	0.970	0.085	1.268		51	47.827	0.880	0.021	2.745
	13	12.775	0.968	0.078	1.293		52	48.705	0.878	0.021	2.800
	14	13.741	0.966	0.073	1.319		53	49.581	0.876	0.020	2.856
	15	14.704	0.963	0.068	1.345		54	50.455	0.874	0.020	2.913
							55	51.326	0.872	0.019	2.971
	16	15.665	0.961	0.064	1.372						
	17	16.623	0.958	0.060	1.400		56	52.196	0.870	0.019	3.031
長期	18	17.580	0.956	0.057	1.428	長期	57	53.063	0.867	0.019	3.091
	19	18.533	0.954	0.054	1.456		58	53.928	0.865	0.019	3.153
	20	19.484	0.951	0.051	1.485		59	54.791	0.863	0.018	3.216
							60	55.652	0.861	0.018	3.281
	21	20.433	0.949	0.049	1.515						
	22	21.380	0.947	0.047	1.545		61	56.511	0.859	0.018	3.346
	23	22.324	0.944	0.045	1.576		62	57.368	0.857	0.017	3.413
	24	23.266	0.942	0.043	1.608		63	58.222	0.854	0.017	3.481
	25	24.205	0.939	0.041	1.640		64	59.074	0.852	0.017	3.551
							65	59.925	0.850	0.017	3.622
	26	25.143	0.937	0.040	1.673						
	27	26.077	0.935	0.038	1.706		66	60.773	0.848	0.016	3.694
	28	27.010	0.932	0.037	1.741		67	61.619	0.846	0.016	3.768
	29	27.940	0.930	0.036	1.775		68	62.462	0.844	0.016	3.844
	30	28.868	0.928	0.035	1.811		69	63.304	0.842	0.016	3.921
							70	64.144	0.840	0.016	3.999
	31	29.793	0.926	0.034	1.847						
	32	30.717	0.923	0.033	1.884						
	33	31.638	0.921	0.032	1.922						
	34	32.556	0.919	0.031	1.960						
	35	33.472	0.916	0.030	1.999						

（注） 1 複利年金現価率，複利現価率及び年賦償還率は小数点以下第4位を四捨五入により，複利終価率は小数点以下第4位を切捨てにより作成している。
  2 複利年金現価率は，定期借地権等，著作権，営業権，鉱業権等の評価に使用する。
  3 複利現価率は，定期借地権等の評価における経済的利益（保証金等によるもの）の計算並びに特許権，信託受益権，清算中の会社の株式及び無利息債務等の評価に使用する。
  4 年賦償還率は，定期借地権等の評価における経済的利益（差額地代）の計算に使用する。
  5 複利終価率は，標準伐期齢を超える立木の評価に使用する。

第1章 定期借地権課税のワンポイント・アドバイス

〔参考5〕

この複利表は、課税時期の属する月が平成28年3・12月の場合に適用されます。

複 利 表 （平成28年3・12月分）

区分	年数	年0.01%の複利年金現価率	年0.01%の複利現価率	年0.01%の年賦償還率	年2%の複利終価率	区分	年数	年0.1%の複利年金現価率	年0.1%の複利現価率	年0.1%の年賦償還率	年2%の複利終価率
短期	1	1.000	1.000	1.000	1.020		36	35.342	0.965	0.028	2.039
	2	2.000	1.000	0.500	1.040		37	36.306	0.964	0.028	2.080
区分	年数	年0.01%の複利年金現価率	年0.01%の複利現価率	年0.01%の年賦償還率	年2%の複利終価率		38	37.269	0.963	0.027	2.122
	3	2.999	1.000	0.333	1.061		39	38.231	0.962	0.026	2.164
中期	4	3.999	1.000	0.250	1.082		40	39.191	0.961	0.026	2.208
	5	4.999	1.000	0.200	1.104		41	40.151	0.960	0.025	2.252
	6	5.998	0.999	0.167	1.126		42	41.110	0.959	0.024	2.297
区分	年数	年0.1%の複利年金現価率	年0.1%の複利現価率	年0.1%の年賦償還率	年2%の複利終価率		43	42.068	0.958	0.024	2.343
	7	6.972	0.993	0.143	1.148		44	43.025	0.957	0.023	2.390
	8	7.964	0.992	0.126	1.171		45	43.981	0.956	0.023	2.437
	9	8.955	0.991	0.112	1.195		46	44.936	0.955	0.022	2.486
	10	9.945	0.990	0.101	1.218		47	45.890	0.954	0.022	2.536
	11	10.934	0.989	0.091	1.243		48	46.843	0.953	0.021	2.587
	12	11.922	0.988	0.084	1.268		49	47.796	0.952	0.021	2.638
	13	12.909	0.987	0.077	1.293		50	48.747	0.951	0.021	2.691
	14	13.896	0.986	0.072	1.319		51	49.697	0.950	0.020	2.745
	15	14.881	0.985	0.067	1.345		52	50.646	0.949	0.020	2.800
	16	15.865	0.984	0.063	1.372	長期	53	51.595	0.948	0.019	2.856
	17	16.848	0.983	0.059	1.400		54	52.542	0.947	0.019	2.913
	18	17.830	0.982	0.056	1.428		55	53.489	0.947	0.019	2.971
	19	18.811	0.981	0.053	1.456		56	54.434	0.946	0.018	3.031
	20	19.792	0.980	0.051	1.485		57	55.379	0.945	0.018	3.091
	21	20.771	0.979	0.048	1.515		58	56.323	0.944	0.018	3.153
長期	22	21.749	0.978	0.046	1.545		59	57.265	0.943	0.017	3.216
	23	22.726	0.977	0.044	1.576		60	58.207	0.942	0.017	3.281
	24	23.703	0.976	0.042	1.608		61	59.148	0.941	0.017	3.346
	25	24.678	0.975	0.041	1.640		62	60.088	0.940	0.017	3.413
	26	25.652	0.974	0.039	1.673		63	61.027	0.939	0.016	3.481
	27	26.626	0.973	0.038	1.706		64	61.965	0.938	0.016	3.551
	28	27.598	0.972	0.036	1.741		65	62.902	0.937	0.016	3.622
	29	28.569	0.971	0.035	1.775		66	63.838	0.936	0.016	3.694
	30	29.540	0.970	0.034	1.811		67	64.773	0.935	0.015	3.768
	31	30.509	0.969	0.033	1.847		68	65.708	0.934	0.015	3.844
	32	31.478	0.969	0.032	1.884		69	66.641	0.933	0.015	3.921
	33	32.445	0.968	0.031	1.922		70	67.574	0.932	0.015	3.999
	34	33.412	0.967	0.030	1.960						
	35	34.378	0.966	0.029	1.999						

（注） 1 複利年金現価率、複利現価率及び年賦償還率は小数点以下第4位を四捨五入により、複利終価率は小数点以下第4位を切捨てにより作成している。

2 複利年金現価率は、定期借地権等、著作権、営業権、鉱業権等の評価に使用する。

3 複利現価率は、定期借地権等の評価における経済的利益（保証金等によるもの）の計算並びに特許権、信託受益権、清算中の会社の株式及び無利息債務等の評価に使用する。

4 年賦償還率は、定期借地権等の評価における経済的利益（差額地代）の計算に使用する。

5 複利終価率は、標準伐期齢を超える立木の評価に使用する。

第1章　定期借地権課税のワンポイント・アドバイス

〔参考6〕
この複利表は，課税時期の属する月が平成28年4・9～11月の場合に適用されます。

複　利　表　（平成28年4・9～11月分）

区分	年数	年0.01%の複利年金現価率	年0.01%の複利現価率	年0.01%の年賦償還率	年2%の複利終価率	区分	年数	年0.05%の複利年金現価率	年0.05%の複利現価率	年0.05%の年賦償還率	年2%の複利終価率
短期	1	1.000	1.000	1.000	1.020		36	35.669	0.982	0.028	2.039
	2	2.000	1.000	0.500	1.040		37	36.651	0.982	0.027	2.080
							38	37.632	0.981	0.027	2.122
区分	年数	年0.01%の複利年金現価率	年0.01%の複利現価率	年0.01%の年賦償還率	年2%の複利終価率		39	38.613	0.981	0.026	2.164
							40	39.593	0.980	0.025	2.208
中期	3	2.999	1.000	0.333	1.061						
	4	3.999	1.000	0.250	1.082		41	40.573	0.980	0.025	2.252
	5	4.999	1.000	0.200	1.104		42	41.552	0.979	0.024	2.297
	6	5.998	0.999	0.167	1.126		43	42.531	0.979	0.024	2.343
							44	43.509	0.978	0.023	2.390
区分	年数	年0.05%の複利年金現価率	年0.05%の複利現価率	年0.05%の年賦償還率	年2%の複利終価率		45	44.487	0.978	0.022	2.437
	7	6.986	0.997	0.143	1.148		46	45.464	0.977	0.022	2.486
	8	7.982	0.996	0.125	1.171		47	46.441	0.977	0.022	2.536
	9	8.978	0.996	0.111	1.195		48	47.417	0.976	0.021	2.587
	10	9.973	0.995	0.100	1.218		49	48.393	0.976	0.021	2.638
							50	49.368	0.975	0.020	2.691
	11	10.967	0.995	0.091	1.243						
	12	11.961	0.994	0.084	1.268		51	50.343	0.975	0.020	2.745
	13	12.955	0.994	0.077	1.293	長	52	51.317	0.974	0.019	2.800
	14	13.948	0.993	0.072	1.319		53	52.291	0.974	0.019	2.856
	15	14.940	0.993	0.067	1.345		54	53.264	0.973	0.019	2.913
							55	54.237	0.973	0.018	2.971
	16	15.932	0.992	0.063	1.372						
	17	16.924	0.992	0.059	1.400		56	55.210	0.972	0.018	3.031
長	18	17.915	0.991	0.056	1.428	期	57	56.182	0.972	0.018	3.091
	19	18.905	0.991	0.053	1.456		58	57.153	0.971	0.017	3.153
	20	19.895	0.990	0.050	1.485		59	58.124	0.971	0.017	3.216
							60	59.094	0.970	0.017	3.281
	21	20.885	0.990	0.048	1.515						
	22	21.874	0.989	0.046	1.545		61	60.064	0.970	0.017	3.346
	23	22.863	0.989	0.044	1.576		62	61.034	0.969	0.016	3.413
	24	23.851	0.988	0.042	1.608		63	62.003	0.969	0.016	3.481
	25	24.838	0.988	0.040	1.640		64	62.971	0.969	0.016	3.551
							65	63.939	0.968	0.016	3.622
期	26	25.825	0.987	0.039	1.673						
	27	26.812	0.987	0.037	1.706		66	64.907	0.968	0.015	3.694
	28	27.798	0.986	0.036	1.741		67	65.874	0.967	0.015	3.768
	29	28.784	0.986	0.035	1.775		68	66.841	0.967	0.015	3.844
	30	29.769	0.985	0.034	1.811		69	67.807	0.966	0.015	3.921
							70	68.772	0.966	0.015	3.999
	31	30.753	0.985	0.033	1.847						
	32	31.737	0.984	0.032	1.884						
	33	32.721	0.984	0.031	1.922						
	34	33.704	0.983	0.030	1.960						
	35	34.687	0.983	0.029	1.999						

（注）1　複利年金現価率，複利現価率及び年賦償還率は小数点以下第4位を四捨五入により，複利終価率は小数点以下第4位を切捨てにより作成している。
　　　2　複利年金現価率は，定期借地権等，著作権，営業権，鉱業権等の評価に使用する。
　　　3　複利現価率は，定期借地権等の評価における経済的利益（保証金等によるもの）の計算並びに特許権，信託受益権，清算中の会社の株式及び無利息債務等の評価に使用する。
　　　4　年賦償還率は，定期借地権等の評価における経済的利益（差額地代）の計算に使用する。
　　　5　複利終価率は，標準伐期齢を超える立木の評価に使用する。

第1章　定期借地権課税のワンポイント・アドバイス

〔参考7〕

この複利表は、課税時期の属する月が平成28年5～8月の場合に適用されます。

複　利　表（平成28年5～8月分）

区分	年数	年0.01%の複利年金現価率	年0.01%の複利現価率	年0.01%の年賦償還率	年2%の複利終価率	区分	年数	年0.01%の複利年金現価率	年0.01%の複利現価率	年0.01%の年賦償還率	年2%の複利終価率
短期	1	1.000	1.000	1.000	1.020		36	35.933	0.996	0.028	2.039
	2	2.000	1.000	0.500	1.040		37	36.930	0.996	0.027	2.080
							38	37.926	0.996	0.026	2.122
区分	年数	年0.01%の複利年金現価率	年0.01%の複利現価率	年0.01%の年賦償還率	年2%の複利終価率		39	38.922	0.996	0.026	2.164
							40	39.918	0.996	0.025	2.208
中期	3	2.999	1.000	0.333	1.061						
	4	3.999	1.000	0.250	1.082		41	40.914	0.996	0.024	2.252
	5	4.999	1.000	0.200	1.104		42	41.910	0.996	0.024	2.297
	6	5.998	0.999	0.167	1.126		43	42.906	0.996	0.023	2.343
							44	43.901	0.996	0.023	2.390
区分	年数	年0.01%の複利年金現価率	年0.01%の複利現価率	年0.01%の年賦償還率	年2%の複利終価率		45	44.897	0.996	0.022	2.437
	7	6.997	0.999	0.143	1.148		46	45.892	0.995	0.022	2.486
	8	7.996	0.999	0.125	1.171		47	46.887	0.995	0.021	2.536
	9	8.996	0.999	0.111	1.195		48	47.883	0.995	0.021	2.587
	10	9.995	0.999	0.100	1.218		49	48.878	0.995	0.020	2.638
							50	49.873	0.995	0.020	2.691
	11	10.993	0.999	0.091	1.243						
	12	11.992	0.999	0.083	1.268		51	50.868	0.995	0.020	2.745
	13	12.991	0.999	0.077	1.293	長	52	51.862	0.995	0.019	2.800
	14	13.990	0.999	0.071	1.319		53	52.857	0.995	0.019	2.856
	15	14.988	0.999	0.067	1.345		54	53.852	0.995	0.019	2.913
							55	54.846	0.995	0.018	2.971
	16	15.986	0.998	0.063	1.372						
	17	16.985	0.998	0.059	1.400		56	55.841	0.994	0.018	3.031
	18	17.983	0.998	0.056	1.428	期	57	56.835	0.994	0.018	3.091
	19	18.981	0.998	0.053	1.456		58	57.829	0.994	0.017	3.153
	20	19.979	0.998	0.050	1.485		59	58.823	0.994	0.017	3.216
							60	59.817	0.994	0.017	3.281
	21	20.977	0.998	0.048	1.515						
	22	21.975	0.998	0.046	1.545		61	60.811	0.994	0.016	3.346
長	23	22.972	0.998	0.044	1.576		62	61.805	0.994	0.016	3.413
	24	23.970	0.998	0.042	1.608		63	62.799	0.994	0.016	3.481
	25	24.968	0.998	0.040	1.640		64	63.792	0.994	0.016	3.551
							65	64.786	0.994	0.015	3.622
	26	25.965	0.997	0.039	1.673						
	27	26.962	0.997	0.037	1.706		66	65.779	0.993	0.015	3.694
	28	27.959	0.997	0.036	1.741		67	66.773	0.993	0.015	3.768
	29	28.957	0.997	0.035	1.775		68	67.766	0.993	0.015	3.844
	30	29.954	0.997	0.033	1.811		69	68.759	0.993	0.015	3.921
							70	69.752	0.993	0.014	3.999
期	31	30.950	0.997	0.032	1.847						
	32	31.947	0.997	0.031	1.884						
	33	32.944	0.997	0.030	1.922						
	34	33.941	0.997	0.029	1.960						
	35	34.937	0.997	0.029	1.999						

（注）1　複利年金現価率，複利現価率及び年賦償還率は小数点以下第4位を四捨五入により，複利終価率は小数点以下第4位を切捨てにより作成している。

2　複利年金現価率は，定期借地権等，著作権，営業権，鉱業権等の評価に使用する。

3　複利現価率は，定期借地権等の評価における経済的利益（保証金等によるもの）の計算並びに特許権，信託受益権，清算中の会社の株式及び無利息債務等の評価に使用する。

4　年賦償還率は，定期借地権等の評価における経済的利益（差額地代）の計算に使用する。

5　複利終価率は，標準伐期齢を超える立木の評価に使用する。

Ⅶ 定期借地権付住宅の分譲について

私は，現在郊外に遊休地（青空駐車場）を所有していますが，最近不動産業者から，有効利用の一環として定期借地権付きの分譲住宅にしてはどうかと提案されています。

定期借地権等の価額を考慮外にしても，現況より相続税評価額が低くなるということですが，複数戸に分譲する場合，どのように評価されるのでしょうか。

A

各戸毎が利用の単位となり，各々１画地の宅地として評価されます。

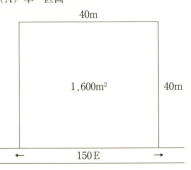

（A）の場合の自用地評価

　　　　　　　奥行価格補正率
150,000 × 0.92 ＝ 138,000
138,000 × 1,600 ＝ 220,800,000（円）

（B）の場合の自用地評価

私道部分の路線価は、特定路線価設定の結果120Ｅ（120,000円，普通住宅地区）とします。

①A，B，C，E，F，G部分の評価

120,000×1.00＝120,000

120,000×180＝21,600,000（円）

②D，H部分の評価

$$150,000 + 120,000 \times \underset{\text{側方路線影響加算率}}{0.05} = 156,000$$

156,000 × 180 ＝ 2,080,000（円）

③私道部分の評価

$$150,000 \times \underset{\text{奥行価格補正率}}{0.92} \times \underset{\text{間口狭小補正率}}{0.94} \times \underset{\text{奥行長大補正率}}{0.9} = 116.748$$

特定路線価　　　　　　　　　　　120.000　　｝いずれか低い方

116,748×160×0.3＝5,603,904（円）

自用地評価合計

21,600,000×6＋28,080,000×2＋5,603,904＝191,363,904（円）

以上より、複数区画となることにより

約13.3％〔＝（220,800,000－0191,363,904）／220,800,000〕自用地の評価が減少し、定期借地権設定後の底地部分の評価に反映されます。

したがって、当該土地全体で定期借地権を設定する（たとえばマンション）よりも、分譲の方が、評価額では低くなります。

第1章 定期借地権課税のワンポイント・アドバイス

整理簿
※

平成＿＿年分　特定路線価設定申出書

＿＿＿＿＿＿＿＿税務署長

平成＿＿年＿＿月＿＿日　　申出者　住所(所在地)〒＿＿＿＿＿＿＿＿＿＿＿＿＿
　　　　　　　　　　　　　　　　　(納税義務者)

　　　　　　　　　　　　　　　　氏名(名称)＿＿＿＿＿＿＿＿＿＿＿＿＿印

　　　　　　　　　　　　　　　　職業(業種)＿＿＿＿＿＿電話番号＿＿＿＿＿＿

相続税等の申告のため、路線価の設定されていない道路のみに接している土地等を評価する必要があるので、特定路線価の設定について、次のとおり申し出ます。

※印欄は記入しないでください。

1　特定路線価の設定を必要とする理由	□　相続税申告のため（相続開始日＿＿年＿＿月＿＿日） 　　　被相続人 ┌ 住所＿＿＿＿＿＿＿＿＿＿＿＿＿＿＿ 　　　　　　　　├ 氏名＿＿＿＿＿＿＿＿＿＿＿＿＿＿＿ 　　　　　　　　└ 職業＿＿＿＿＿＿＿＿＿＿＿＿＿＿＿ □　贈与税申告のため（受贈日＿＿年＿＿月＿＿日）
2　評価する土地等及び特定路線価を設定する道路の所在地、状況等	「別紙　特定路線価により評価する土地等及び特定路線価を設定する道路の所在地、状況等の明細書」のとおり
3　添付資料	(1)　物件案内図（住宅地図の写し） (2)　地形図（公図、実測図の写し） (3)　写真　　撮影日＿＿年＿＿月＿＿日 (4)　その他　[　　　　　　　　　　　]
4　連絡先	〒 住　所＿＿＿＿＿＿＿＿＿＿＿＿＿＿＿＿＿＿＿＿＿＿＿ 氏　名＿＿＿＿＿＿＿＿＿＿＿＿＿＿＿＿＿＿＿＿＿＿＿ 職　業＿＿＿＿＿＿＿＿＿＿電話番号＿＿＿＿＿＿＿＿
5　送付先	□　申出者に送付 □　連絡先に送付

*　□欄には、該当するものにレ点を付してください。

(資9−29−A4統一)

第1章 定期借地権課税のワンポイント・アドバイス

記載方法等

　この申出書は、課税の対象となる路線価地域内に存する土地等について、その土地等に接している道路に路線価が設定されていないため、路線価を基に評価することができない場合に、その土地等を評価するための路線価（特定路線価）の設定を申し出るときに使用します。

1　この申出書は、相続税、贈与税の申告のため、路線価の設定されていない道路のみに接している土地等を評価することが必要な場合に提出してください。

2　この申出書は、原則として、納税地を所轄する税務署に提出してください。

3　「特定路線価により評価する土地等」、「特定路線価を設定する道路」及び「特定路線価を設定する道路に接続する路線価の設定されている路線」の状況等がわかる資料（物件案内図、地形図、写真等）を添付してください。

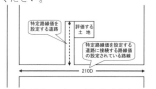

4　「特定路線価により評価する土地等」及び「特定路線価を設定する道路」の所在地、状況等については、「別紙　特定路線価により評価する土地等及び特定路線価を設定する道路の所在地、状況等の明細書」に記載してください。

(1)　「土地等の所在地（住居表示）」欄には、「特定路線価により評価する土地等」の所在地を画地ごとに記載してください。

(2)　「土地等の利用者名、利用状況及び地積」欄には、その土地等の利用者名、利用状況及び地積を記載してください。土地等の利用状況については、「宅地（自用地）」、「宅地（貸地）」などと記載してください。

(3)　「道路の所在地」欄は、「特定路線価を設定する道路」の所在地の地番を記載してください。

(4)　「道路の幅員及び奥行」欄には、「特定路線価を設定する道路」の幅員及び「特定路線価を設定する道路に接続する路線価の設定されている路線」からその土地等の最も奥までの奥行距離を記載してください。

(5)　「舗装の状況」欄は、該当するものにレ点を付してください。

(6)　「道路の連続性」欄は、該当するものにレ点を付してください。

(7)　「道路のこう配」欄には、傾斜度を記載してください。

(8)　「上水道」、「下水道」、「都市ガス」欄は、該当するものにレ点を付してください。各欄の「引込み可能」とは、「特定路線価を設定する道路」に上下水道、都市ガスが敷設されている場合及び「特定路線価を設定する道路」にはないが、引込距離約50m程度のもので、容易に引込み可能な場合をいいます。

(9)　「用途地域等の制限」欄には、その土地等の存する地域の都市計画法による用途地域（例えば、第1種低層住居専用地域等）、建ぺい率及び容積率を記載してください。

(10)　「その他（参考事項）」欄には、上記以外に土地の価格に影響を及ぼすと認められる事項がある場合に記載してください。

　　(注)　この申出書を提出した場合でも、路線価を基に課税の対象となる土地等を評価することができるときには、特定路線価を設定しないことになりますので留意してください。

別紙　特定路線価により評価する土地等及び特定路線価を設定する道路の所在地、状況等の明細書

土地等の所在地 （住居表示）	[　　　　　　　]	[　　　　　　　]
土地等の利用者名、利用状況及び地積	（利用者名） （利用状況）　　　　　　㎡	（利用者名） （利用状況）　　　　　　㎡
道路の所在地		
道路の幅員及び奥行	（幅員）　　m　（奥行）　　m	（幅員）　　m　（奥行）　　m
舗装の状況	□舗装済　・　□未舗装	□舗装済　・　□未舗装
道路の連続性	□通抜け可能 　（□車の進入可能・□不可能） □行止まり 　（□車の進入可能・□不可能）	□通抜け可能 　（□車の進入可能・□不可能） □行止まり 　（□車の進入可能・□不可能）
道路のこう配	度	度
上　水　道	□有 □無（□引込み可能・□不可能）	□有 □無（□引込み可能・□不可能）
下　水　道	□有 □無（□引込み可能・□不可能）	□有 □無（□引込み可能・□不可能）
都　市　ガ　ス	□有 □無（□引込み可能・□不可能）	□有 □無（□引込み可能・□不可能）
用途地域等の制限	（　　　　　）地域 建ぺい率（　　　　）％ 容積率（　　　　）％	（　　　　　）地域 建ぺい率（　　　　）％ 容積率（　　　　）％
その他（参考事項）		

（資9－30－A4統一）

第1章　定期借地権課税のワンポイント・アドバイス

Ⅷ　一般定期借地権付住宅の売却

Q　私は，7年前に一般定期借地権付き住宅を購入いたしました。ところが，このたび急な転勤が決まり，当該住宅を手放すこととなりました。一般に土地建物の譲渡には譲渡益課税がされるということですが，この場合税務上どのように取り扱われるか教えてください。

A

　不動産所得又は譲渡所得として課税されます。定期借地権付住宅の流通市場は，戸建，マンションともに未だ未成熟であり，売買の取引事例もあまり多くないのが現状であるように思われます。

　税務上も，既存定期借地権付住宅の売買について明確に規定された行政指針はなく，当局も取引の事案ごとに個別に対応しているようです。

　一般的にいって，定期借地権付住宅の売買において，売買価格は建物と定期借地権とに分けられるはずであり，通達において土地「等」から特に定期借地権が除外されていないことを鑑みますと，定期借地権部分の譲渡の対価が明確に区分される限り，それぞれ建物及び定期借地権の譲渡所得として課税されます。

　なお，売買にあたっての定期借地権部分の評価については，各不動産会社が独自に査定方法を確立しているようです。

　次に，譲渡所得算定のための取得費の範囲についても，明確に規定された行政指針は現在のところありませんが，定期借地権取得のために地主に支払われる権利金はもちろん，保証金等についても定期借地権の設定時における保証金等の額とその保証金等の設定時における返還請求権の価額との差額については，定期借地権の取得の対価に該当するものとして差し支えないでしょう（措通41－28）。当該差額につき，具体的には，次の算式により計算されます。

保証金等の額に相当する金額（A）－[A×定期借地権等の設定期間年数に応じる基準年利率の複利現価率（B）]－[A×約定利率×B]

IX 定期借地権の前払賃料について

Q 私は,現在所有する土地について定期借地権の設定契約の交渉を行っておりますが,その中で賃料の一部について契約時に前払いすることを提案されております。この場合の税務上の取扱いについて教えてください。

A

1 ご質問の定期借地権の設定時において授受される前払賃料の税務上の取扱いについては,国税庁による「事前照会に対する文書回答手続」により,二度にわたって国土交通省から国税庁に照会され,回答がなされております。

2 まず,このような前払賃料について,当該定期借地権者(支払側)においては「前払費用」として,定期借地権設定者(受領側)においては「前受収益」として処理されるものとされております。すなわち,当該前払賃料について,期間の経過に応じて,支払側は損金(法人の場合)又は必要経費(個人の場合)として,受領側は益金(法人の場合)又は収入金額(個人の場合)として処理される必要があります(参考1)。

なお,この場合には,当該定期借地契約の当事者が,一定の書式例(参考2)に従って定期借地権設定契約書を作成し,それを保管し,実態を伴わせることが必要となるでしょう。

3 また,相続税の財産評価においては,当該前払賃料の額を,相続等により取得した定期借地権等の価額を定めるための課税時期における自用地としての価額に乗じられる算式の「定期借地権等の設定の時における借地権者に帰属する経済的利益」の額に含めることとされております。

なお,前払賃料のうち課税時期における未経過分に相当する金額については,定期借地権の評価額に反映されるため,定期借地権と別の相続財産として計上する必要はありません(参考3)。

4 ただし,借地権設定者が受領する前払賃料に係る経済的利益について,当該前払賃料は上記2のとおり「前受収益」として計上され,契約期間にわたって収入

金額として計上されることから，借地権設定者（個人）は，毎年の不動産所得に計上しなくて差し支えないとされております。
5　また，前払賃料の支払に充てるための借入金又は父等からの資金贈与については，これは，「土地の上に存する権利の取得の対価」には該当しないことから，この場合，住宅取得等資金の贈与を受けた場合の相続時精算課税の特例の適用はありません。

（参考1）

国土企第14号
平成16年12月16日

国税庁課税部長　竹田　正樹　殿

国土交通省土地・水資源局長　小神　正志

定期借地権の賃料の一部又は全部を前払いとして一括して
授受した場合における税務上の取扱いについて（照会）

　定期借地権の設定時において，借地権者が借地権設定者に対して，借地に係る契約期間の賃料の一部又は全部を一括前払いの一時金（以下「本件一時金」といいます。）として支払うことを取り決めた上で，両者間で本件一時金の授受を行う場合には，その他の一時金（権利金，保証金等）の授受とは別に，借地権者においては，本件一時金を「前払費用」として処理し，借地権設定者においては，本件一時金を「前受収益」として処理することになると考えられます。
　このような基本的な考え方に基づき，借地権者と借地権設定者が，本件一時金が前払賃料であり，それが契約期間にわたって又は契約期間のうち最初の一定の期間について，賃料の一部又は全部に均等に充当されていることを定めた定期借地権設定契約書（別添の書式例に準拠したものをいいます。）により契約し（参考2～筆者注），契約期間にわたって保管している場合で，その取引の実態も当該契約に沿うものであるときは，借地権者，借地権設定者のそれぞれについて，税務上，下記のように取り扱って差し支えないか，お伺い申し上げます。

記

1　借地権者である法人又は個人は，本件一時金を「前払費用」として計上し，当該事業年度又は当該年分の賃料に相当する金額を損金の額又は必要経費の額に算入する。
2　借地権設定者である法人又は個人は，本件一時金を「前受収益」として計上し，当該事業年度又は当該年分の賃料に相当する金額を益金の額又は収入金額に算入する。
3　本件一時金は，消費税法上非課税となる土地の貸付けの対価の前受金に該当し，当該借地権設定者である消費税の課税事業者は，仕入控除税額の計算に当たり，当該事業年度又は当該年分の賃料に相当する金額を当該課税期間の「資産の譲渡等の対価の額」に算入し，課税売上割合の計算を行う。

(参考2)

前払賃料について定めた定期借地権設定契約書の書式例

(書式) 契約期間にわたる賃料の一部を一括前払いし，賃料の残額月払いと併用する場合

(前払賃料)
第X条 乙は，本件土地の賃料の前払い(以下「前払賃料」という)として○○○円を，本契約が成立したときに甲が指定する金融機関口座に振り込むことにより，甲に対して一括して支払わなければならない。
2　前払賃料は，○条に定める契約期間(○○年)にわたる賃料の一部に均等に充てるものとし，その毎月の充当額(以下「前払賃料の月額換算額」という)は○○○円(前払賃料÷契約期間(ヶ月))とする。
3　甲と乙は，契約期間満了時において，前払賃料として一時金の支払いがあったことを根拠とする借地権の消滅の対価に相当する金銭の授受は行わない。
4　本件借地権の存続期間の満了前に本契約を解除する場合において，甲は，前払賃料のうち契約期間の残余の期間に充当されるべき前払賃料の月額換算額の合計額を，乙に返還しなければならない。この場合において，返還すべき金員は日割り計算によるものとし，利息を附さないものとする。

(賃料)
第Y条　本件土地の賃料は，月額○○○円とする。ただし，1ヶ月未満の期間については，日割り計算によるものとする。
2　乙は，賃料の額から前払賃料の月額換算額を減じた残余の額(当初においては○○○円)を，毎月○○日までに，その翌月分を甲が指定する金融機関口座に振り込むことにより，甲に対して支払わなければならない。
3　甲又は乙は，○年毎に，以下に掲げる方式により算定した額に賃料を改定することを請求することができる。(算式省略)ただし，当該方式により算定された額にかかわらず，賃料の額は前払賃料の月額換算額を下回らないものとする。

(注1) 甲…土地所有者(借地権設定者)，乙…借地人(借地権者)

【解説】
（1）定期借地権の設定に当たって、借地権者が借地権設定者に対して契約期間にわたる賃料の一部を一括して前払いする場合においては、賃料の残額月払いと区別して、これを前払賃料として明確にする必要がある。

　この書式例に準拠した契約に基づき支払われる前払賃料の税法上の取扱いは、原則として、借地権者である法人又は個人は、前払賃料を「前払費用」として計上し、当該事業年度又は当該年分の賃料に相当する金額を損金の額又は必要経費の額に算入することとなる。

　一方で、借地権設定者である法人又は個人は、前払賃料を「前受収益」として計上し、当該事業年度又は当該年分の賃料に相当する金額を益金の額又は収入金額に算入することとなる。

　なお、前払賃料は、消費税法上非課税となる土地の貸付けの対価の前受金に該当し、当該借地権設定者である消費税の課税事業者は、仕入控除税額の計算に当たり、当該事業年度又は当該年分の賃料に相当する金額を当該課税期間の「資産の譲渡等の対価の額」に算入し、課税売上割合の計算を行う必要がある（借地権者においては、仕入税額控除の対象とはならない。）。

（2）このような税務上の取扱いがされるためには、第Ｘ条第2項の規定のように授受される一時金が前払賃料であり。契約期間にわたって賃料の一部に均等に充当されることを明確にする必要がある。

　本契約の契約期間満了時において、契約期間にわたる賃料の一部として支払われた前払賃料の未経過分に相当する金額は零円であるから、当該一時金を根拠とする金銭の授受を行うことはない。このため、第Ｘ条第3項にあるように、契約期間満了時に、前払賃料として支払われた一時金を根拠とする借地権の消滅の対価に相当すると認められるような金銭の授受は行わないことを明らかにしておく必要がある。

　また、本契約を中途解約する場合において、契約期間にわたる賃料の一部として支払われた前払賃料の未経過分に相当する金額は残存している。このため、第Ｘ条第4項にあるように、「本件借地権の存続期間の満了前に本契約を解除する場合において、借地権設定者は、既に支払われた前払賃料のうち未経過分に相当する金額を、借地権者に返還しなければならない」旨を取り決めるなど、前払賃料であることが明らかになるような規定が必要である。

（3）本契約を中途解約する場合において、前払賃料の未経過分の返還とは別に、違約金等の取り決めを行うことは可能である。ただし、違約金等の算定方法等において、中途解約時に、既に支払われた一時金（前払賃料）のうち未経過分に相当する金額の全部又は一部を、違約金等とみなして借地権者に返還しないこととしている場合は、前払賃料としての一時金とその他の一時金（権利金、保証金等）（注2）との区別ができなくなることから、その一時金は、前払賃料として取り扱われない。このため、中途解約時の違約金等を定める場合には、前払賃料の返還に関する取り決めとは別に、第Ｘ条第4項を逸脱することのないよう違約金等の算定方法等を明確にしておくことが望ましい。

　　（注2）権利金は、定期借地権設定の対価そのものなどとして収受し、返還を要しない一時金を言い、保証金は、地代不払いや建物撤去不履行の際の担保などとして収受し、原則返還を要する一時金を言うこととする。

（4）前払賃料の授受がある場合でも、その他の一時金（権利金、保証金等）を別に授受することは可能である。ただし、複数の一時金を併用する場合は、それぞれの一時金の性格及び額等を予め明確に定めておく必要があり、その取引の実態もそれに沿うものであることを前提に、それぞれの一時金の性格に即した税務上の取扱いがされることとなる。

（5）本書式例に代えて、契約期間にわたる賃料の全部を前払賃料として一括して前払いすることも可能である。この場合、第Ｙ条第2項に定める「賃料の額から前払賃料の月額換算額を減じ

た残余の額」は，零円となり，賃料の残額月払いは行われない。
(6) 第X条第2項に定める「前払賃料を設定する期間」について，本書式例に代えて，最初の○○ヶ月（例えば120ヶ月）分に限って一括して前払賃料を支払うことを取り決めることも可能である。ただし，
　この場合，賃料の残額月払いとの併用期間を明らかにするとともに，前払賃料を設定した期間が終了した後の賃料についても明確にしておく必要がある。この前払賃料の税務上の取扱いは，設定した期間に応じて期間損益に反映させることとなる。
(7) 賃料の一部又は全部を一括して前払いする場合であっても，第Y条第1項に定める賃料の額が，前払い方式によらない賃料水準に照らして逸脱するような水準となることは適当でないと解される。
(8) 第Y条第3項に定める賃料の改定について，本書式例に代えて，改訂後の賃料の額が前払賃料の月額換算額を下回ることを許容する定めとすることも可能である。ただし，この場合，既に支払われた前払賃料のうち未経過分に相当する金額と，改訂された賃料に基づいて算定された未経過分に相当する前払賃料の金額との差額の取扱いについても予め定めておく必要がある。
(9) 第Y条第2項に定める「賃料の額から前払賃料の月額換算額を減じた残余の額」については，例えば，一定の定めに基づき，固定資産税等の月額分に応じて定めることも考えられる。
(10) 契約期間中に，借地権者が定期借地権を譲渡する場合に，借地権を譲り渡した者（旧借地権者）と新たに借地権を譲り受けた者（新借地権者）との間で，既に支払われた前払賃料のうち未経過分に係る返還債権を直接引き継ぐ場合については，次の二通りの方法が考えられる。
① 新借地権者が，前払賃料の未経過分に相当する金額を旧借地権者に支払う。
② 前払賃料の未経過分に係る返還債権を含む定期借地権の譲渡に係る対価としての売買代金を設定し，前払賃料の未経過分の授受は行わない。
　この場合，旧借地権者と新借地権者の税務上の取扱いは，それぞれの方法について，次のようになると解される。
　①の場合，新借地権者は，旧借地権者に対して支払った前払賃料の未経過分に相当する金額を前払費用として計上する。なお，定期借地権の譲渡に係る対価としての売買代金が別途授受される場合には，定期借地権の譲渡に係る対価の額は，新借地権者にあっては定期借地権の取得価額に相当し旧借地権者にあっては益金又は譲渡所得の総収入金額として取り扱われる。また，旧借地権者が新借地権者から支払いを受ける前払賃料の未経過分に相当する金額については，旧借地権者が借地権設定者に対して有する金銭債権の譲渡対価に該当することから，旧借地権者が消費税の課税事業者である場合には，仕入控除税額の計算に当たり，その借地権の譲渡に係る対価の額及び前払賃料の未経過分に相当する金額を当該課税期間の「資産の譲渡等の対価の額」に算入し，課税売上割合の計算を行う必要がある。
　②の場合，定期借地権の譲渡に係る対価の額は，売買代金の額から前払賃料の未経過分に係る返還債権の額を差し引いた金額となる。その対価の額は，新借地権者にあっては定期借地権の取得価額に相当し，旧借地権者にあっては益金又は譲渡所得の総収入金額として取り扱われる。また，売買代金の額に含まれる前払賃料の未経過分に係る返還債権の額については，旧借地権者が借地権設定者に対して有する金銭債権の譲渡対価に該当することから，旧借地権者が消費税の課税事業者である場合には，仕入控除税額の計算に当たり，その借地権の譲渡に係る対価の額及び前払賃料の未経過分に係る返還債権の額を当該課税期間の「資産の譲渡等の対価の額」に算入し，課税売上割合の計算を行う必要がある。なお，新借地権者は，前払賃料の未経過分に相当する金額を前払費用として計上する。
　なお，上記二通りの方法とは別に，旧借地権者が，借地権設定者から前払賃料の未経過分の返

還を受けた後，新借地権者が，借地権設定者との間で契約期間の残期間を前提とした新たな契約を締結して前払賃料を支払う方法も考えられる。この場合の取扱いは，旧借地権者が，借地権設定者から前払賃料の未経過分の返還を受けるに際しては，契約を中途解約した場合の取扱いと同様である。なお旧借地権者と新借地権者との間で定期借地権の譲渡に係る対価の授受が別になされたときは，土地の上に存する権利の譲渡となり，その対価の額は，新借地権者にあっては定期借地権の取得価額に相当し，旧借地権者にあっては益金又は譲渡所得の総収入金額として取り扱われるとともに，旧借地権者が消費税の課税事業者である場合には，仕入控除税額の計算に当たり，その対価の額を当該課税期間の「資産の譲渡等の対価の額」に算入し，課税売上割合の計算を行う必要がある。

(11) 契約期間中に，借地権設定者が定期借地権が設定された土地を譲渡する場合に，当該土地を譲り渡した者（旧借地権設定者）と新たに土地を譲り受けた者（新借地権設定者）との間で，既に受け取られた前受賃料のうち未経過分に係る返還債務を直接引き継ぐ場合については，次の二通りの方法が考えられる。
① 土地の譲渡に係る対価としての売買代金の収受とは別に，旧借地権設定者が，その授受していた前受賃料の未経過分を新借地権設定者に支払う。
② 前受賃料の未経過分に係る返還債務を含む土地に関する権利の譲渡に係る対価としての売買代金を設定し，前受賃料の未経過分の授受は行わない。

この場合，旧借地権設定者と新借地権設定者の税務上の取扱いは，それぞれの方法について，次のようになると解される。

①の場合，土地の譲渡に係る対価の額は，新借地権設定者にあっては土地の取得価額に相当し，旧借地権設定者にあっては益金又は譲渡所得の総収入金額として取り扱われるとともに，旧借地権設定者が消費税の課税事業者である場合には，仕入控除税額の計算に当たり，その対価の額を当該課税期間の「資産の譲渡等の対価の額」に算入し，課税売上割合の計算を行う必要がある。なお，新借地権設定者は，旧借地権設定者から別途収受した前受賃料の未経過分に相当する金額を前受収益として計上する。

②の場合，土地の譲渡に係る対価の額は，旧借地権設定者に支払った売買代金の額と同者から引き継いだ前受賃料の未経過分に係る返還債務の額の合計額（新借地権設定者から収受した売買代金の額と前受賃料の未経過分に係る返還債務の消滅による利益相当額との合計額）となる。その対価の額は，新借地権設定者にあっては土地の取得価額に相当し，旧借地権設定者にあっては益金又は譲渡所得の総収入金額として取り扱われるとともに，旧借地権設定者が消費税の課税事業者である場合には，仕入控除税額の計算に当たり，その対価の額を当該課税期間の「資産の譲渡等の対価の額」に算入し，課税売上割合の計算を行う必要がある。なお，新借地権設定者は，前受賃料の未経過分に相当する金額を前受収益として計上する。

(12) この他，定期借地権設定契約書全体に係る標準約款としては，「事業用借地標準約款」（平成14年2月公表，事業用借地権制度研究会・委員長：稲本洋之助東京大学名誉教授），「定期借地権設定契約書（戸建住宅，集合住宅）」（平成7年4月公表，定期借地制度研究会・座長：稲本洋之助東京大学名誉教授）を参照されたい。

(参考)
<u>1 「事業用借地標準約款」</u>

（契約の目的）
第1条 甲は，専ら○○の事業のように供する別紙「物件の表示」（以下「物件表示」という。）

記載の建物(以下「本件建物」という。)の所有を目的として,物件表示記載の土地(以下「本件土地」という。)に,乙のために,法第24条第1項に規定する借地権(以下「事業用借地権」という。)を設定する。
第2条 本契約により甲が乙のために設定する事業用借地権(以下「本件借地権」という。)は賃借権とする。
第3条 本件借地権には,法第3条から第8条まで,第13条及び第18条並びに民法第619条第1項の規定は適用されない。

(以下略)

2 「定期借地権設定契約書(戸建住宅,集合住宅)」

(前文) 賃貸人○○○(以下「甲」という。)と賃借人口口口(以下「乙」という。)は,甲が所有する物件表示記載の土地(以下「本件土地」という。)について,借地借家法(以下「法」という。)第22条に定める定期借地権の設定契約を以下の条項に従って締結した(以下,本契約によって設定される借地権を「本件借地権」という。)。

(契約の目的)
第1条 甲は,本件土地上に建築する物件表示記載の建物(以下「本件建物」という。)の所有を目的として乙に本件土地を賃貸し,乙はこれを賃借する。
第2条 本件借地権については,更新の請求及び土地の使用の継続による契約の更新並びに建物の築造による存続期間の延長がなく,また,乙は,法第13条の規定による本件土地上の建物の買取りを請求することができない。

回答年月日　平成17年1月7日　回答者　国税庁課税部長

回答内容

標題のことについては,ご照会に係る事実関係を前提とする限り,貴見のとおりで差し支えありません。
ただし,次のことを申し添えます。
(1) この文書回答は,ご照会に係る事実関係を前提とした一般的な回答ですので,個々の納税者が行う具体的な取引等に適用する場合においては,この回答内容と異なる課税関係が生ずることがあります。
(2) この回答内容は国税庁としての見解であり,個々の納税者の申告内容等を拘束するものではありません。

(参考3)

国土企第2号
平成17年6月28日

国税庁課税部審理室長　上斗米　明　殿

国土交通省土地・水資源局
土地政策課土地市場企画室長　藤井　健

定期借地権の賃料の一部又は全部を前払いとして一括して
授受した場合における相続税の財産評価及び所得税の経済
的利益に係る課税等の取扱いについて（照会）

　定期借地権の設定時において，借地権者が借地権設定者に対して，借地に係る契約期間の賃料の一部又は全部を一括前払いの一時金（以下「前払賃料」といいます。）として支払う場合の借地権者及び借地権設定者の所得計算上の取扱いについては，平成17年1月7日付の文書回答「定期借地権の賃料の一部又は全部を前払いとして一括して授受した場合における税務上の取扱いについて」により，一定の書式例に準拠した定期借地権設定契約書により契約し，契約期間にわたって保管している場合で，その取引の実態も当該契約書に沿うものであるときは，当該前払賃料は，借地権者にとっては「前払費用」として，借地権設定者にとっては「前受収益」として取り扱われることが明らかにされました。
　ところで，上記の文書回答に示された定期借地権（以下「前払賃料方式による定期借地権」といいます。）が設定された場合に，その後，借地権者が死亡して相続人が当該権利を相続したときの相続税における財産評価の方法などについて若干の疑義が生じております。そこで，前払賃料方式による定期借地権が設定されている場合の相続税の財産評価及び所得税の経済的利益に係る課税等について，下記のとおり取り扱って差し支えないか，お伺い申し上げます。

記

1　前払賃料方式による定期借地権が設定されている場合の相続税の取扱い
（1）定期借地権の財産評価及び前払賃料の未経過分相当額の取扱い
　　　相続，贈与又は遺贈（以下「相続等」という。）により取得した前払賃料方式による定期借地権の価額を財産評価基本通達27－2（（定期借地権等の評価））のただし書きの定めにより評価する場合には，前払賃料の額を同項の算式に定める「定期借地権等の設定の時における借地権者に帰属する経済的利益」の額に含めて，課税時期（相続開始時）における定期借地権等の価額を評価する。
　　　なお，前払賃料のうち課税時期における未経過分に相当する金額（以下「前払賃料の未経過分相当額」という。）については，定期借地権の評価額に反映されるため，定期借地権と別の相続財産として計上する必要はない。
（理由）
　イ　前払賃料方式による定期借地権の評価
　　　相続等により取得した定期借地権等の価額は，課税時期における自用地としての価額に，次の算式により計算した数値を乗じて計算した金額によって評価することとされている（財産評価基本通達27－2）。

第1章　定期借地権課税のワンポイント・アドバイス

（算式）

$$\text{定期借地権等の設定の時におけるその宅地の通常の取引価額} \times \frac{\text{定期借地権等の設定の時における借地権者に帰属する経済的利益の総額}}{\text{定期借地権等の設定期間年数に応ずる基準年利率による複利年金現価率}} \times \frac{\text{課税時期におけるその定期借地権等の残存期間年数に応ずる基準年利率による複利年金現価率}}{\text{定期借地権等の設定期間年数に応ずる基準年利率による複利年金現価率}}$$

　上記算式中の「定期借地権等の設定の時における借地権者に帰属する経済的利益の総額」の計算に当たっては，「定期借地権等の設定に際し，借地権者から借地権設定者に対し，権利金，協力金，礼金などその名称のいかんを問わず借地契約の終了の時に返還を要しないものとされる金銭の支払いがある場合」には，「課税時期において支払われるべき金額」を当該経済的利益の額とすると定められている（財産評価基本通達27－3（1））。
　ところで，前払賃料は，借地契約の終了の時にはその未経過分相当額は零となり返還を要しないものであるから，定期借地権の設定に際して当該一時金の支払があった場合には，当該一時金の額そのものを財産評価基本通達27－3（（定期借地権等の設定の時における借地権者に帰属する経済的利益の総額の計算》）の（1）に定める経済的利益の額に含めて評価することとなる。
ロ　前払賃料の未経過分相当額の取扱い
　課税時期において借地権者が有する前払賃料の未経過分相当額に係る債権は，借地契約の存続を前提とすれば，返還を受けることができないものであり，被相続人等が前払賃料を支払っていたことによる権利は，存続期間に応じた定期借地権の権利の価額に反映されることとなる。
　したがって，相続税の課税価格の計算上は，当該債権を定期借地権と別個の財産として計上する必要はないものと考えられる。
（注1）保証金については，契約終了時においても返還を要するものであるため，相続税の課税価格の計算上，借地権者にとっては債権額を，借地権設定者にとっては債務額を計上することとなるが，その場合でも，契約終了時に返還を要する金額について課税時期から契約終了時までの期間に応じた複利現価率で割り引いた価額によることとされており，これに対して前払賃料は契約終了時に返還を要する金額はないから，債権債務額は算定されない。
（2）定期借地権の目的となっている宅地の評価及び前払賃料の未経過分相当額の取扱い
　相続等により取得した前払賃料方式による定期借地権の目的となっている宅地の価額は，財産評価基本通達25（（貸宅地の評価》）の（2）により，原則として，自用地としての価額から上記（1）により評価した課税時期における定期借地権等の価額を控除した金額によって評価する。
　なお，財産評価基本通達25（2）ただし書き及び平成10年8月25日付課評2－8「一般定期借地権の目的となっている宅地の評価に関する取扱いについて」は，前払賃料方式による定期借地権の目的となっている宅地の評価にも適用されることとなる。
　また，前払賃料のうち，課税時期における契約期間の残余の期間に充当されるべき金額（前払賃料の未経過分相当額）については，定期借地権の付着した宅地として評価上減額されるため，別の債務として控除することはできない。
（理由）
イ　定期借地権の目的となっている宅地の評価

定期借地権の目的となっている宅地を相続等により取得した場合の当該宅地の価額は，財産評価基本通達25の（2）により，原則として，その宅地の自用地としての価額から，財産評価基本通達27－2（（定期借地権等の評価））の定めにより評価したその定期借地権等の価額を控除した金額によって評価することとなる。

ところで，前払賃料方式による定期借地権等の価額については，上記（1）のとおり評価することとなるため，前払賃料方式による定期借地権の目的となっている宅地の価額は，原則として，定期借地権の設定に際して授受された前払賃料の額を財産評価基本通達27－3の（1）に定める「定期借地権等の設定の時における借地権者に帰属する経済的利益」の額として評価した定期借地権等の価額を自用地としての価額から控除して評価することとなる。

ただし，財産評価基本通達25（2）のただし書きに定めるとおり，自用地としての価額から控除すべき定期借地権等の価額が，定期借地権の残存期間に応じる一定の割合を自用地価額に乗じて計算した金額を下回る場合には，当該割合を乗じて計算した金額を控除した金額によって評価する。

なお，借地借家法第22条の規定による一般定期借地権の目的となっている宅地の評価については，当分の間，上記の定めによらず，平成10年8月25日付課評2－8「一般定期借地権の目的となっている宅地の評価に関する取扱いについて」の取扱いにより評価することとなる。

ロ　前払賃料の未経過分相当額の取扱い

課税時期において借地権設定者が「前受収益」として計上している前払賃料の未経過分相当額については，借地契約の存続を前提とする限り返還を要しないものであるから相続税法第14条に規定する「確実と認められる」債務とはいえず，被相続人等が前払賃料を受領していることにより，上記のとおり定期借地権の目的となっている宅地として評価上減額されるのであるから，相続税の課税価格の計算上は，債務として控除することはできない。

（注2）（注1）参照

2　借地権設定者が受領する前払賃料に係る経済的利益に対する所得税の取扱い

個人である借地権設定者が，前払賃料方式による定期借地権の設定に伴い受領する前払賃料については，その経済的利益を毎年の不動産所得に計上しなくて差し支えない。

（理由）

定期借地権の設定に伴って借地権設定者が借地権者から預託を受ける保証金（借地人がその返還請求権を有するものをいい，その名称のいかんを問わない。）の経済的利益については，一定の場合を除き，各年分の不動産所得の計算上，収入金額に算入することとされている。

前払賃料については，借地権設定者は，いまだ役務提供をしていない未経過分（前払賃料の未経過分相当額）を「前受収益」に計上することとなるが，当該一時金は，契約期間にわたる賃料に充てられることによりいずれその全額が不動産所得の収入金額に計上されるものであり，借地契約の継続を前提とする限り返還義務がなく期間満了時には返還を要しないものであるから，当該一時金は上記の取扱いの対象となる保証金には該当せず，その経済的利益に係る所得税の課税は要しないものと考えられる。

（注3）　定期借地権の設定に伴って借地権設定者が借地権者から預託を受ける保証金（借地人がその返還請求権を有するものをいい，その名称のいかんを問わない。）の経済的利益については，所得税の課税上，次に掲げる区分に応じ，それぞれ次に掲げるとおり取り扱われている。

①　当該保証金が業務用資金として運用され又は業務用資産の取得に充てられている場合

当該保証金について各年に生じる経済的利益の額を不動産所得の金額の計算上収入金額に算入するとともに，同額を，当該業務に係る各種所得の金額の計算上必要経費に算入する。

第1章　定期借地権課税のワンポイント・アドバイス

② 当該保証金が，預貯金，公社債等の金融資産に運用されている場合
　当該保証金による経済的利益に係る所得の金額については，その計算を要しない。
③ ①及び②以外の場合
　当該保証金について各年に生じる経済的利益の額を，当該保証金を返還するまでの各年分の不動産所得の金額の計算上収入金額に算入する。
3　前払賃料を一括して支払うための資金に係る住宅借入金等特別控除の特例等の適用
　前払賃料の支払に充てるための借入金又は父等からの資金贈与については，租税特別措置法第41条に規定する住宅借入金等を有する場合の所得税額の特別控除の特例（以下「住宅借入金等特別控除の特例」という。）又は同法第70条の3に規定する特定の贈与者から住宅取得等資金の贈与を受けた場合の相続時精算課税の特例若しくは同法70条の3の2に規定する住宅取得等資金の贈与を受けた場合の相続時精算課税に係る贈与税の特別控除の特例（以下，これらの特例を併せて「住宅取得等資金贈与の特例」という。）の適用はない。
（理由）
　前払賃料方式により定期借地権を設定するに際して，前払賃料の支払に充てるための資金を借入金等により調達した場合の住宅借入金等特別控除の特例又は当該資金を父等から贈与により取得した場合の住宅取得等資金贈与の特例の適用の可否が問題となる。
　これらの特例は，「土地の上に存する権利の取得に要する資金」に充てるための借入金（住宅借入金等特別控除の特例）又は「土地の上に存する権利の取得のための対価」に充てるための住宅取得等資金の贈与（住宅取得等資金贈与の特例）について適用されることとされている。
　しかし，前払賃料として支払われる一時金は，相続税における財産評価に当たっては，借地人に帰属する経済的利益として定期借地権の評価額に反映されるという側面はあるものの，「土地の上に存する権利の取得の対価」には該当しないとして，賃料として支払うことを明確にしたものである。また，そのため，自己の住宅の取得に伴ってその敷地に係る前払賃料を支払う借地権者にとっては，当該一時金は時の経過とともに家事費として費消されるものであって，借地権の取得価額を構成するものではない（将来，借地権を譲渡した場合の取得価額を構成しない。）。
　したがって，土地の上に存する権利の取得の対価ということはできないため，これらの特例の適用はないこととなる。
　なお，租税特別措置法第41条の4に規定する不動産所得に係る損益通算の特例についても「土地の上に存する権利を取得するために要した負債」について適用されることとされており，当該一時金の支払に充てるための借入金は，上記と同様の考え方により，土地の上に存する権利を取得するために要した負債ということはできないことから，本特例の適用はないこととなる。
以　上

回答年月日　平成17年7月7日　回答者　国税庁課税部審理室長

回答内容
　標題のことについては，ご照会に係る事実関係を前提とする限り，貴見のとおりで差し支えありません。
　ただし，次のことを申し添えます。
（1）この文書回答は，ご照会に係る事実関係を前提とした一般的な回答ですので，個々の納税者が行う具体的な取引等に適用する場合においては，この回答内容と異なる課税関係が生ずることがあります。

(2) この回答内容は国税庁としての見解であり，個々の納税者の申告内容等を拘束するものではありません。

第2章　借家権課税のワンポイント・アドバイス

I　建設協力金を受け取って賃貸ビルを建設した場合の経済的な利益

Q　私は，自己所有の土地に賃貸ビルを建設するにあたり，大部分のフロアーの賃貸を申し入れてきたA社から，25年の長期間の賃貸契約及び賃貸料の面での配慮を条件に，建設協力金の名目で2億円の交付を受けました。

建設協力金については，無利息で5年間据え置いた後，20年間で均等に返還していきます。

このような場合，課税関係はどうなるのか教えてください。

A　借主，貸主とも建設協力金に係る経済的利益に対する実質的な課税はありません。

（1）借主の税務
①　建設協力金の支払時

建設協力金の名目で預かった金銭は，将来，返済することが約束されているので，返還されない権利金のように繰延資産として計上し，毎年償却していくことはできません。

借主である法人は，支払った建設協力金を資産計上することになり，特に課税関係は生じません。

②　賃貸契約継続時

次に無利息とした建設協力金に係る経済的利益ですが，その利息相当分を免除することによって家賃が通常に比較して低額になっているのであれば，充分経済合理性があるので，貸主に対して経済的利益を供与したものとして課税されることはないでしょう。

③　建設協力金の返還時

債権の回収であり，特に課税関係は生じません。

（2）貸主の税務

① 所得税の課税について

（イ）建設協力金の受取時の課税

返還の定めのあるものなので預かり保証金として債務となり、課税関係は生じません。

（ロ）賃貸契約継続時の課税

このように無利息で通常授受される程度を大幅に上回る敷金・保証金を預かった場合、その利息相当分は原則として不動産所得の収入金額に算入されることとなります。

しかし、預かった建設協力金を賃貸ビルの建設資金に充当した場合、無利息であることから、利息を支払った場合に比較して利息相当分だけ所得金額が多く計算されていることとなります。

したがって、無利息による経済的利益を認定して課税すると仮定すると、その見返しとして経済的利益相当分の支払利息を必要経費に算入することとなり、結果として所得金額は増加しないことになりますので、経済的利益への課税は行われません。

（ハ）建設協力金の返還時

預かり保証金という債務の返済であり、特に課税関係は生じません。

② 相続時の建設協力金の評価

通常、無利息の債務を評価する場合、相続時から返済期限までにおいて毎年享受する経済的利益を差引いた現在価値で評価します。

しかし、この場合の建設協力金の場合は、毎年の経済的利益は受け取る賃貸料と相殺関係にあり、実質的には支払利息を負担していると考えられるため、経済的利益を差引いた現在価値ではなく、その全額が債務控除の対象になると考えられます。

Ⅱ　立退料を収受した場合の課税関係

Q　30年前にA氏所有の建物を賃借し，今まで事業を営んできました。このたびA氏から，今の建物を取り壊してビルを建設するので立ち退くようにいわれ，弁護士をたてて交渉していたところ，2,000万円の立退料を収受して立ち退くこととなりました。
　この場合の課税関係について教えてください。

A　借主の受け取った立退料は，その内容によって譲渡所得，事業所得，一時所得として課税されます。
　また，貸主は，原則として支払った立退料を不動産所得の必要経費に算入します。

（1）借主の税務

①　立退料の内容

　借家人が賃借権の目的となっている家屋の立ち退きに際して受取る立退料は，その内容によって次のように分類できます。

　（イ）対価補償…建物に対する賃借権を消滅させる対価としての性質をもつもの
　（ロ）移転補償…移転に伴う費用の補償としての性質をもつもの
　　　　　　　　　動産の移転費用等の補償です。
　（ハ）収益補償…立ち退きによって借家人が失う営業上の損失を補償する性質をもつもの
　　　　　　　　　事業の休廃業による所得減少に対する補償です。
　（ニ）経費補償…立ち退きによって借家人に発生する経費を補償する性質をもつもの
　　　　　　　　　店舗移転に伴う広告費，印刷物等の費用等の補償，休業中に支払う従業員の休業手当に対する補償等です。

②　立退料への課税

　借家人が受け取る立退料は，①の分類に従って次のように所得区分されて課税されます。

　（イ）事業を行っていた場合

対価補償は，総合課税の譲渡所得として課税されます。また，移転補償，収益補償及び経費補償は，収入金額の減少や事業所得等の計算上，必要経費に算入される金額を補填するためのものとして，事業所得等の収入金額に算入されます。

実際に受け取った立退料がその内容によって明確に区分されていない場合は，実務上，移転補償，収益補償及び経費補償に該当する金額を合理的に見積り，残額を借家権の消滅に対する対価補償とするしかないでしょう。

(ロ) 居住用の場合

対価補償は，総合課税の譲渡所得として課税されます。その他の部分については一時所得として課税されます。移転等にかかった費用は一時所得の必要経費となります。

(2) 貸主の課税

貸主の支払う立退料は，次の二つの場合にわけられ，それぞれ取扱いが異なります。

① 不動産所得の基因となっていた建物の賃貸人に支払った立退料

次の②に該当する場合を除き，不動産所得の必要経費となります。

② 譲渡に際し支払った立退料

建物等を譲渡するために借家人に支払った立退料は，譲渡費用として譲渡収入から差引きます。

参照法令　▶所基通33－6，33－7，34－1，37－23

Ⅲ　借家人補償金を受け取った場合の税務上の取扱い

私が20年前から個人事業を営んでいる工場（賃借物件）の一帯が再開発地域に指定され，近々立ち退きにあたり，借家人補償金として6,000万円を受け取ることになっています。この場合の課税関係について教えてください。

なお，私の通常の年間所得は2,000万円です。

借家人補償金とは、賃借している建物が土地収用法等に基づき収用等がされたことに伴いその使用を継続することが困難となったため、転居先の建物の賃借に要する権利金及び従来の家賃と転居先の家賃との差額に充てるために公共事業の施工者から交付を受ける補償金(土地収用法88条)のことで、総合課税の譲渡所得とされますが、課税上、収用等の場合の課税の特例を適用できます。

(1) 所得税法の取扱い

借家人補償金は、転居先の建物の賃借に要する権利金等を補償するものであって、資産の譲渡の対価たる性格を有する補償金とはいいがたいですが、
・土地収用法等を背景とした収用等により生じた損失であること
・借家人は必ず転居先を求めなければならない事情があること
から、譲渡所得の金額の計算上、収用等の場合の課税の特例(収用等に伴い代替資産を取得した場合の課税の特例(措法33条)又は収用交換等の場合の譲渡所得等の特別控除(措法33条の4))の適用対象とされる対価補償金として取り扱われます。

(2) 具体的税負担額の計算

① 収用交換等の場合の譲渡所得等の特別控除(5,000万円控除の特例)を受ける場合

借家人補償金については収用等の場合の課税の特例を適用した場合であっても、分離課税の譲渡所得でなく総合課税の譲渡所得になります。

(イ) 全体の税金

総合長期譲渡所得
(通常の年間所得)(借家人補償金)(特別控除額)　　　　　(総所得金額)
2,000万円+(6,000万円-5,000万円)×1／2＝　2,500万円

(総所得金額)　(所得控除)　(課税所得金額)
2,500万円-300万円＝2,200万円

〈所得税〉

(課税所得金額)　(所得税率)　(控除額)　(復興特別所得税)　(所得税・復興特別所得税)
(2,200万円　×　40％　-　279.6万円)×　102.1％　＝　613万円

〈住民税〉

(課税所得金額)　(住民税率)　　　　　　　　　　　　　(所得税等)
2,200万円　×　10％　　　　　＝　　　　　　　　　220万円
合計　　　　　　　　　　　　　　　　　　　　　　　833万円

(ロ) 通常の場合の税金

	(総所得金額)	(所得控除)		(課税所得金額)
	2,000万円	− 300万円	=	1,700万円

〈所得税〉

(課税所得金額)　(所得税率)　(控除額)　(復興特別所得税)　(所得税・復興特別所得税)
(1,700万円 × 33% − 153.6万円) × 102.1% = 415.9万円

〈住民税〉

(課税所得金額)　(住民税率)　　　　　　　　　　(所得税等)
1,700万円 × 10% = 170万円

合計　　　　　　　　　　　　　　　　　　　　585.9万円

(ハ) 増加税金　(イ)−(ロ)　　　　　　　　　　247.1万円

借家人補償金6,000万円に対し，所得税・住民税あわせて247.1万円の税負担となります。

② 収用等に伴い代替資産を取得した場合の課税の特例を受ける場合

6,000万円の借家人補償金を6,000万円の転居先の権利金に充当するのであれば，受け取った借家人補償に対し，課税はありません。

将来この権利を第三者に譲渡した場合の譲渡原価はこの6,000万円でなく，20年前に借家を借りるにあたって支払った権利金の額となります。

Ⅳ　社宅の建物の相続税評価

Q　当社は，社宅を所有しており，現在も従業員が入居しています。
当社の株価を評価する上で，この社宅はどのように評価されるのでしょうか。家賃については課税上問題のない最低限としており，付近の家賃相場よりもはるかに低い金額となっています。また，退職時は6カ月以内に退去することになっています。

A　賃貸料の金額によって，貸家の評価となる場合と自用家屋の評価となる場合があります。

(1) 貸家の評価

相続税においては，借家権の目的となっている建物の価額は，自用としての建物

の評価額から借家権の価額を控除して評価することとなっています。
　ここでいう借家権とは、借地借家法の適用のある建物賃貸人の有する賃借権のことをいいます。
　したがって、その社宅に借地借家法の適用があれば貸家として評価できることになります。
　また、控除すべき借家権の価額は、自用建物としての建物の価額に各国税局長が定めた借家権割合を乗じて計算します。

(2) 社宅に対する借地借家法の適用

　社宅に借地借家法の適用があるか否かは、その使用関係が賃貸借であるか使用貸借であるかに基づいて判定します。
　賃貸借・使用貸借の判定は、その使用料の金額の大小によって行います。
　無償や土地・建物の固定資産税、日々の補修費等の経費等を負担する程度であれば使用貸借であり、借地借家法の適用はありませんが、使用に対する対価をも含んで入居者が負担している場合は、世間相場の使用料でなくとも賃貸借とされ借地借家法の適用があります。

(3) 社宅の評価

　その社宅に係る固定資産税や補修費等と賃料を比較してみて、ある程度賃料が上回っているようであれば、その社宅に借地借家法の適用があるものとして貸家の評価とできるでしょう。

V 相続開始時に一部空室があった場合の賃貸マンションの評価

Q 父は，土地の有効活用で所有する土地に学生向けの賃貸マンションを建設し，経営していましたが，今年の2月末に亡くなり，相続が開始しました。

賃貸マンションの戸数は30戸，そのうちの25戸は相続開始時に賃貸していましたが，残りの5戸は相続開始直前に入居していた学生が卒業して退去した空室になっており，入居者の募集中でした。

この場合，賃貸マンション及びその敷地の評価はどうなるのでしょうか。

A 土地建物とも賃貸している部分に相当する部分は，貸家及び貸家建付地となりますが，それ以外の部分は自用建物及び自用地となります。

(1) 建物の評価について

相続開始時に相続財産である建物につき賃貸借契約が締結され，借家権の目的となっている場合，その建物は貸家として評価（自用建物の評価額から借家権割合を控除して評価）することとなります。

賃貸マンションの場合，相続開始時に全戸につき賃貸借契約が締結されていたならば，建物全体が貸家の評価となりますが，1戸でも賃貸借契約が締結されていない空室があれば，空室に係る部分については自用家屋の評価となります。

具体的には，次の計算によります。

　　　　　　　　　　（自用部分の評価）
評価額＝固定資産税評価額×（1－賃貸割合）
　　　　　　　　　　　　　（貸家部分の評価）
　　　　＋固定資産税評価額×賃貸割合×（1－借家権割合）

（※）賃貸割合は次の算式により計算されます。

$$\frac{Aのうち賃貸されている各独立部分の床面積の合計}{当該家屋の各独立部分の床面積の合計（A）}$$

(2) 土地の評価について

相続開始時に相続財産である土地に相続財産である建物が立っており，建物につき賃貸借契約が締結され，借家権の目的となっている場合，その建物の敷地である土地は貸家建付地として評価（自用地の評価額から（借地権割合×借家権割合×賃貸割合）を控除して評価）することとなります。

賃貸マンションの場合，相続開始時に全戸につき賃貸借契約が締結されていたならば，土地全体が貸家建付地の評価となりますが，1戸でも賃貸借契約が締結されていない空室があれば，空室に係る部分については自用地の評価となります。

具体的には，次の計算によります。

（自用部分の評価）
評価額＝自用地評価額×土地面積×（1－賃貸割合）
（貸家部分の評価）
＋自用地評価額×土地面積×賃貸割合×（1－借地権割合×借家権割合）

(3) 一時的に空室となっている場合の取り扱い

原則的には空室があった場合，賃貸割合を考慮して評価することとなりますが，継続的に賃貸されていたアパート，マンション等で，課税時期に一時的に空室があった場合，その空室となっていた部分については，賃貸されていた部分に含めて差し支えないとされています。

一時的な空室かどうかは，次の点から総合的に判断します。
① 各独立部分が課税時期前に継続的に賃貸されてきたものかどうか
② 賃借人の退去後，速やかに新たな賃借人の募集が行われたかどうか
③ 空室の期間，他の用途に供されていないかどうか
④ 空室の期間が，課税期間の前後たとえば1カ月程度であるなど一時的な期間であるかどうか
⑤ 課税時期後の賃借が一時的なものではないかどうか

ご質問の場合，相続開始直前に学生の卒業により空室となっており，また，入居者の募集もしていたことから，空室となっていた部分についても賃貸されていた部分に含めて評価して差し支えないと考えられます。

Ⅵ 建設中の建物につき賃貸借予約契約を締結している場合の土地建物の評価

Q 父は，土地の有効利用を計画し，所有する土地に賃貸マンションを建設していましたが，完成前に亡くなり相続が開始しました。

建設中のマンションは，1階を店舗としており，そこを賃借する会社と賃貸借予約契約を締結しています。

その会社の要望により建物完成前からその会社が自らの負担で施工する内装工事を行うのを許可しており，その間の賃料の授受はありませんでした。

このような場合，賃貸マンションの敷地の相続税評価はどうなるのでしょうか。

建物の賃貸借予約契約は，あくまで将来の賃貸借契約を締結させる義務を確認するものであり，事実上の賃貸借契約と認めることはできませんので，建設中の建物の敷地である土地の評価は自用地となります。

（1）建物の敷地である土地を貸家建付地として評価する場合

土地を貸家建付地として評価するのは，借家権の目的となっている建物の敷地として利用されている場合です。

借家権の目的となっていることとは，建物に関し，賃貸借契約が締結され次のような現況にあることといいます。

・完成した建物が存在していること

・賃借人が建物の引渡しを受けて現実に入居していること，あるいは契約上の賃貸借開始期日が到来していること

・通常の賃料に相当する金銭の収受があることあるいはその権利義務が発生していること

（2）賃貸借予約契約を締結している建設中の建物の敷地の評価

ご質問にある建物の賃貸借予約契約は，あくまで将来の賃貸借契約を締結させる義務を確認するものであり，賃貸借契約そのものであるとはいえません。

建物完成前に賃貸借予約を締結した相手方に内装工事を許可していたことについては，建物完成後にすぐに開店したいという要望に対し便宜をはかっただけであっ

て，賃貸借契約に基づく引渡しとはいえません。
　相続開始時点では建物は未完成で，入居者に対する引渡しが行われてなく，賃料の支払いも行われていないことから，この土地は借家権の目的となっている建物の敷地とはいえないため，自用地として評価することとなります。

Ⅶ　借家権の償却

Q このたび，建物所有者に権利金を2,000万円支払い，木造の新築の店舗を賃借し，物品の販売業を営んでいますが，この権利金については課税上どのように取り扱われるのでしょうか。
　賃貸期間は20年となっています。

A

（1）借家権の取扱い
　所得税・法人税では，建物の賃貸に際し支払った権利金は繰延資産として取り扱われ，権利金の支出の効果の及ぶ期間で償却し，所得の計算上必要経費に算入又は損金に算入します。

（2）権利金の支出の効果が及ぶ期間
　権利金の支出の効果が及ぶ期間は，次の三つに区分され，それぞれの期間に応じて償却していきます。

区分	支出の効果の及ぶ期間
①　建物の新築に際しその所有者に対して支払った権利金で，その権利金等の額が当該建物の賃借部分の建設費の大部分に相当し，かつ，実際上その建物の存続期間中賃貸できる状況にあると認められるものである場合	その建物の耐用年数の70％に相当する期間
②　建物の賃貸に際して支払った上記①以外の権利金等で，契約，慣習等によってその明渡しに際して借家権として転売できることになっているものである場合	その建物の賃借後の見積り耐用年数の70％に相当する年数

③	①及び②以外の権利金等である場合	原則として5年間 　ただし，契約の賃貸期間が5年未満であり，かつ，契約の更新時に再び権利金等の支払いを要求することが明らかであるものについてその賃貸期間の年数

（3）具体的計算例

　質問の場合，前記（2）の①のケースに該当すると考えられます。したがって，各年の償却費の金額は次のように計算し，必要経費に算入します。

① 　権利金等の支出の効果の及ぶ期間

　木造の店舗の法定耐用年数は24年ですので，権利金等の支出の効果の及ぶ期間は16年（＝24年×70％）となります。

② 　償却費の計算

　各年の償却費の金額は次の計算によります。

　また，残存価額はなく全額償却します。

$$償却費の額 = 権利金等の額 \times \frac{その事業年度の月数}{権利金等の支出の効果の及ぶ期間}$$

$$= 2,000万円 \times \frac{12カ月}{16年 \times 12カ月}$$

$$= 125万円$$

　各年の償却費の金額は，125万円となります。

Ⅷ　賃貸借契約の更新時の更新料の取扱い

Q　当社が現在賃借しているオフィスビルは，賃貸借契約を2年で更新しており，更新時には1カ月分の賃貸料に相当する額を支払うこととなっています。

　この更新料は，支出時に全額を損金としてよいのでしょうか。

「建物を賃借するために支出した権利金等」として繰延資産に計上し、次回更新時までの期間で按分し損金に計上します。

(1) 更新料の性格

建物賃貸における商慣習として、契約の更新に際し1カ月の賃貸料に相当する額を更新料として授受することがあります。

これは、建物を賃借する権利を更新するものと考えられます。

(2) 税務上の取扱い

賃貸借契約締結時に支払う権利金は、通常その支出の効果が1年以上に及ぶことから「建物を賃借するために支出した権利金等」として繰延資産に計上し、5年（賃借期間が5年未満で、契約の更新に際し再び権利金の支払いを要することが明らかな場合は、その賃借期間）で均等に償却することとなっています。

ご質問の場合、2年間で契約を更新しますので、2年間で均等に償却します。

また、支出した額が20万円未満であれば支出した事業年度に全額を損金算入することが認められます。

IX 同族会社である不動産管理会社等に支払う管理料の適正額

相続対策で賃貸マンションを建設しましたが、相続開始時に空室がある場合、空室に相当する部分の土地建物は自用となり評価額が下がらないと聞きました。

また、ファミリーカンパニーを設立し、そこに一括賃貸しておけば、相続開始時に空室があっても、土地建物とも全体を貸家又は貸家建付地として評価できるとアドバイスを受けました。

この場合、ファミリーカンパニーとの賃貸料はどのように決めればよいでしょうか。

管理料の額は全くの第三者と契約した場合の額を基準と考えるべきであり，税務当局が第三者である不動産管理会社との契約事例から適正であるとするのは5％〜20％程度ですが，不動産管理会社との契約の内容によって適正な管理料とは当然異なってきます。

（1）　不動産管理会社利用の形態

ご質問のようにファミリーカンパニーである不動産管理会社を利用する方法としては次の二通りが考えられます。

①不動産管理方式

不動産所有者と入居者が賃貸借契約を締結し，不動産管理会社は，入居者の募集，賃料集金，退去時の復旧工事等を受託します。

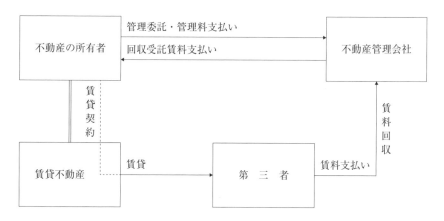

②サブリース方式

土地建物を不動産管理会社に一括賃貸し，不動産管理会社が第三者に賃貸する方式です。

入居者とは不動産管理会社が賃貸借契約を締結し，空室のリスクは不動産管理会社が負担します。

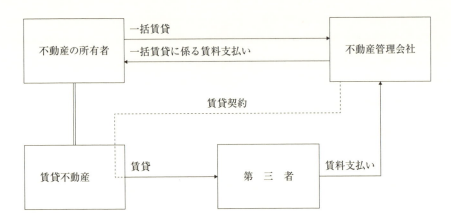

　上記のように二つの形態が考えられますが税務上，同じように取り扱われ，管理料とされるのは，

　　不動産管理方式……授受される管理料
　　サブリース方式……入居者と不動産管理会社の間で収受される賃料と不動産所有
　　　　　　　　　　　者と不動産管理会社の間で授受される賃料の差額

となります。

（2）適正な管理料の額
①不動産管理方式の場合
　この方式では，不動産管理会社の業務は，通常，入居者の募集，入居者退去時の復旧工事の手配，賃貸料の集金代行などを行います。
　また，賃貸不動産に係る公租公課，火災保険料，修繕費（畳や室内のクロスなど入居者が負担すべきものを除く。），入居者の募集費用，入居者退去時の現状復旧工事などの費用は不動産所有者が負担するのが一般的です。
　主たる業務が賃貸料の集金代行であり空室のリスク負担がないことから，適正な管理料の額は，入居者から受け取る賃貸料の5％から10％程度と考えられ，サブリース方式の場合よりも低いようです。
②サブリース方式の場合
　この方式では，不動産管理会社が賃貸不動産を一括して賃借し，最終的には入居者に賃貸します。
　不動産管理会社に空室となった場合のリスク負担があり，通常，入居者の募集，入居者退去時の復旧工事の施工などは不動産管理会社の負担で行います。
　賃貸不動産に係る公租公課，火災保険料，修繕費（畳や室内のクロスなど入居者

が負担すべきものを除く。）などの費用は不動産所有者が負担するのが一般的です。

一括賃貸であり空室のリスクを不動産管理会社が負担することから、適正な一括賃貸の賃貸料の額は、近隣の賃貸料の相場の80％から90％程度（管理料は10％から20％）と考えられます。

X　同族会社を介した不動産賃貸の適正な管理料

Q 個人所有の収益用不動産がありますが、給与所得が4,000万円程あるため上積みとなる不動産所得に対する税率が最高税率になってしまいます。

そこで自分がオーナーである同族会社に個人所有の収益用不動産を一括賃貸し、さらに同族会社が転貸することで所得の一部を法人に移転でき、節税になるのでは、と考えています。

同族会社への賃貸料は、同族会社の転貸料に対しどの程度の割合とすれば税務上問題が生じないでしょうか。

A

同族会社を介して管理、転貸を行うことで個人の不動産所得を減少させる手法は昔からある節税方法です。

適正とされる額（一括賃貸料－転貸料）は実際に管理する法人の関与の程度によって差があるため、一律に最終的な転貸料の何％とはいえません。

同族関係などの特殊な関係にない第三者である管理会社のものと比較して過大とならないようにする必要があります。

（1）住宅メーカー系の管理会社のケース

当然ながら個々のケースによって異なると考えられますが、ある住宅メーカー系の不動産管理会社がオーナーから一括賃貸して転貸する場合の条件は以下のようになっています。

・入居者からの賃料総額を見積り、その90％をオーナーへの賃貸料とする。
・入居者の募集費用は管理会社が負担する。

・入居者からの保証金は管理会社が預かり，敷き引きにより退去時の補修を行う。
・管理会社は入居者から徴収する共益費で共用部分に係る電気代・水道代や電灯等の消耗品の取り替えなどの維持管理を行う。
・オーナーは公租公課・火災保険料のほか，建物や設備の補修費用を負担する。

　住宅メーカー系の管理会社の場合，建築工事を受注するための営業政策の一つとして関連会社による一括賃貸（サブリースと呼称しているケースもあります。）を行っているため，空室リスクがあるにもかかわらず転貸賃料見積額の80％から90％をオーナーに支払っているケースが多いようです。

（２）同族会社に一括賃貸する場合の適正額

　基本的には，同族関係などの特殊な関係にない第三者である管理会社と同様の契約であれば税務上問題はないと考えられます。

　また，同族会社への一括賃貸……転貸に対し，税務当局が同族会社等の行為又は計算の否認（所法157）を適用して更正したため裁判となった事例で，税務当局勝訴の判決が下ったものがあります（平成8年9月20日・平成4年（行ウ）第14号，千葉地方裁判所）。

　この事例の概要は次のとおりです。

① 千葉県在住のA，B，Cの3名はAを代表者B，Cを取締役とした有限会社D社を設立し，各自が所有する不動産物件甲，乙，丙をD社に賃貸し，D社はこれを第三者に転貸する業務を営んでいた。

　　D社への賃貸に際しては，D社が建物所有者であるA，B，Cに支払う賃貸料は，D社が収受する転貸料の範囲内で，各事業年度につき協議のうえ定めることとし，各建物の管理，修理はD社が行い，公租公課，火災保険料はA，B，Cが負担していた。

② 所轄税務署長が，A，B，CがD社から受け取る賃貸料は，D社が収受する転貸料に比し著しく低額であり，A，B，Cの各年度の所得税負担を不当に減少させるものとみなし，所得税法157条によりこれを否認し，第三者間取引における適正賃貸料に引きなおしたところで是正する処分を下したことに対し，裁判となったものである。

③ 税務署の処分では「D社がA，B，Cの同族会社であることから，その転貸料は実質的にはA，B，Cの収入でありA，B，Cはその中からD社に対して管理料を支払っていた」との認識が前提となっており，具体的には本件各転貸料からA，B，Cが受け取っていた賃貸料を差し引いた額がこの管理料に該当するとしている。

④ 適正賃貸料は、オーナーと同族関係にない管理会社と管理契約を締結している比準同業者を抽出して平均管理料の比率を求め、転貸料に乗じて適正な管理料を算出し、その額とD社が実際に支出した修繕費等の額を転貸料から差し引いて求めている。

実際の賃貸料、転貸料の金額

〔A所有甲建物〕

	入居者	→	D社	→	A 管理料相当額	割合
昭和62年	1,508万円		723万円		785万円	52%
昭和63年	1,557万円		603万円		954万円	61%
平成元年	1,639万円		741万円		898万円	55%

〔B所有乙建物〕

	入居者	→	D社	→	B 管理料相当額	割合
昭和62年	843万円		366万円		477万円	57%
昭和63年	810万円		325万円		485万円	60%
平成元年	836万円		380万円		456万円	55%

(Cについては他と条件が違うため割愛しました。)

第三者における適正管理料割合

〔A所有甲建物と同規模の比準同業者〕

昭和62年分

	賃貸料収入	支払管理料	管理料割合
同業者1	775万円	39万円	5.00%
同業者2	1,115万円	97万円	8.70%
同業者3	1,191万円	60万円	5.00%
		平均	6.23%

昭和63年分

	賃貸料収入	支払管理料	管理料割合
同業者1	801万円	41万円	5.12%
同業者2	1,136万円	104万円	9.15%
同業者3	1,218万円	61万円	5.00%
		平均	6.42%

平成元年分

	賃貸料収入	支払管理料	管理料割合
同業者1	817万円	41万円	5.00%
同業者2	1,177万円	135万円	11.47%
同業者3	1,221万円	60万円	4.94%
		平均	7.14%

〔B所有乙建物と同規模の比準同業者〕

昭和62年分

	賃貸料収入	支払管理料	管理料割合
同業者1	775万円	39万円	5.00%
同業者2	1,115万円	97万円	8.70%
同業者3	1,191万円	60万円	5.00%
同業者4	430万円	21万円	4.90%
		平均	5.90%

昭和63年分

	賃貸料収入	支払管理料	管理料割合
同業者1	801万円	41万円	5.12%
同業者2	1,136万円	104万円	9.15%
同業者3	1,218万円	61万円	5.00%
同業者4	470万円	24万円	5.11%
		平均	6.07%

平成元年分

	賃貸料収入	支払管理料	管理料割合
同業者1	817万円	41万円	5.02%
同業者2	1,177万円	135万円	11.50%
同業者3	1,221万円	60万円	4.91%
同業者4	512万円	26万円	5.08%
		平均	6.63%

　この事例の場合は50％から60％の管理費相当額が6％から7％の管理料＋実際の修繕費等に減額させられたということです。
　このように第三者間での取引価格や割合とあまりにもかけ離れた金額設定をする

と税務上問題を生じます。

　以上のことから設定する管理料の率は，適正なもので転貸賃料の5％，6％のラインであり，高くても7％，8％が妥当ではないかと考えられ，一括賃貸で空室リスクや通常の維持管理費を負担するのであっても10％から15％位になると思われます。

第3章　建物定期賃貸借のワンポイント・アドバイス

建物定期賃貸借（定期借家権）と税務

Q テナントビルを所有し賃貸の用に供しておりますが，今回新規の契約に当たって建物定期賃貸借（いわゆる定期借家権）契約を締結することになりました。この場合における税務上の取扱いについて教えてください。

A

(1) 所得税・法人税の取扱い

現在のところ，建物定期賃貸借（定期借家権）について独自の規定が設けられておりません。したがって，一般的な貸家の場合と同様に取り扱われることになります。

(2) 相続税・贈与税（財産評価）における取扱い

こちらについても現在のところ，建物定期賃貸借（定期借家権）について独自の規定が設けられておりません。したがって，土地については貸家建付地として，家屋については貸家として財産評価がなされるものと考えられます。

ただし，契約の更新がなされないことが契約によって定められている場合で，かつ，契約期間が短期の場合については，一般的な借家権よりも借家人の権利が弱くなるために，財産評価において評価が高くなる可能性があります。また，借家権自体が売買される事例も今後増えていく可能性もあります。

いずれにせよ，評価方法について，貸家建付地又は貸家としての評価に疑問がある場合については，税務当局と個別事案として事前に窓口において相談された方がよいと思われます。他方，借手側としての評価方法としては，借家権自体が売買されている場合を除いて，現在のところ気にされる必要はないものと思われます。

サービス・インフォメーション
──── 通話無料 ────
①商品に関するご照会・お申込みのご依頼
　　　　TEL 0120(203)694／FAX 0120(302)640
②ご住所・ご名義等各種変更のご連絡
　　　　TEL 0120(203)696／FAX 0120(202)974
③請求・お支払いに関するご照会・ご要望
　　　　TEL 0120(203)695／FAX 0120(202)973

●フリーダイヤル(TEL)の受付時間は、土・日・祝日を除く
　9:00～17:30です。
●FAXは24時間受け付けておりますので、あわせてご利用ください。

ケース別でわかりやすい定期借地権・
　　　借家権課税の実務

2018年3月30日　初版発行
2020年2月5日　初版第2刷発行

編　著　税理士法人細川総合パートナーズ
発行者　田　中　英　弥
発行所　第一法規株式会社
　　　　〒107-8560　東京都港区南青山2-11-17
　　　　ホームページ　https://www.daiichihoki.co.jp/

定期借地権実務　ISBN978-4-474-06293-1　C2033　(5)

ⓒ 2018 税理士法人細川総合パートナーズ
ⓒ 2018 HOSOKAWA General Partners Accounting Office